DEUTSCHE LANDE DEUTSCHE KUNST

Begründet von Burkhard Meier

MAX H. VON FREEDEN

Tilman Riemenschneider

LEBEN UND WERK

DEUTSCHER KUNSTVERLAG

Die Zahlen am Rande der Seiten verweisen auf den Bilderteil

CIP – Kurztitelaufnahme der Deutschen Bibliothek

Freeden, Max H. von:
Tilman Riemenschneider: Leben und Werk / Max H. von Freeden. – 5., verm. u. verb. Aufl. – München: Deutscher Kunstverlag, 1981.
(Deutsche Lande, Deutsche Kunst) ISBN 3422001247
NE: Riemenschneider, Tilman (Ill.)

Bildernachweis: Die Aufnahmen zu diesem Werk stammen von Prof. Walter Hege außer den folgenden: 2, 13, 15, 23, 29, 31, 34, 49–52, 92, 93, 95, 97, 101, 104, 105, 108 Leo Gundermann, Würzburg; 6–12, 16, 17, 35, 116 und Farbtafeln nach den Seiten 16 und 32 Toni Schneiders, Lindau; Farbtafel nach S. 24 Eberhard Zwicker, Würzburg; 28, Farbtafel nach S. 8 Bayer. Nationalmuseum, München; 102 Burkholz, Würzburg; 94 Dumbarton Oaks Collection; 106 Holtmann, Stuttgart-Vaihingen; 53 Jeiter, Aachen; 107 Kertscher, Obernburg; 79 National Gallery of Art, Washington; 99 Foto Nylander sen., Bad Kissingen; 88 Helga Schmidt-Glassner, Stuttgart; 4 Ehem. Staatl. Bildstelle; 100 Victoria & Albert Museum, London.

5., vermehrte Auflage, erschienen 1981 im Deutschen Kunstverlag GmbH, München Berlin

ISBN 3 422 001247

Reproduktionen: Brend'amour, Simhart GmbH & Co. München; Druck: Dr. C. Wolf & Sohn, München.

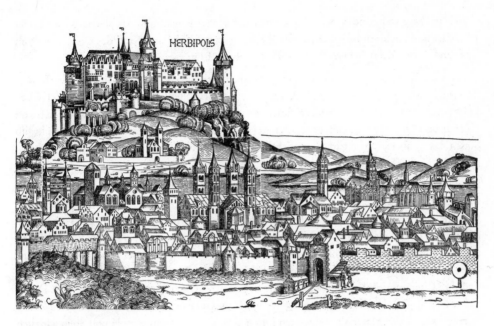

Würzburg im Jahre 1493, als Riemenschneiders Adam und Eva vollendet wurden.
Holzschnitt aus Hartmann Schedels Weltchronik

EINLEITUNG

Riemenschneiders künstlerisches Schaffen beschließt das Mittelalter in Mainfranken; seine Kunst wuchs hier, an der Scheide zwischen Nord und Süd, zur letzten köstlichen Blüte am üppig grünenden Baume der deutschen Spätgotik, und ihr Duft ist süß und herb zugleich. Holdes Entrücktsein und schwermütige Trauer umschweben seine heiligen Gestalten. Verklungen ist auf dieser einsamen Insel der Schönheit die bislang so beliebte, rauschende Bewegungsfreude der Bildner an Gesten und Gewändern, und ein Anflug von Melancholie hat sich über seine Geschöpfe gesenkt; kein heftiges Wort könnte in ihrem Kreise mehr fallen, wo man nur noch einer fern verklingenden Melodie zu lauschen scheint. Der seelischen Empfindsamkeit dieser Heiligenwelt entspricht die Empfindlichkeit ihrer plastischen Form und jeder Linie; hier werden Gewänder, Hände und das Gesicht vor allem zu Trägern des Ausdrucks und künden von der Beseelung des toten Holzes, die des Meisters besonderes Anliegen ist, vom Siege künstlerischen Geistes über die Materie.

Die künstlerische Landschaft und Atmosphäre ist zur Zeit der Spätgotik selbst innerhalb Frankens so wechselnd, daß neben dem Gemeinsamen auch das Besondere der einzelnen Schwerpunkte bildnerischen und malerischen Schaffens immer wieder hervortritt.

Das Mainviereck mit Aschaffenburg und dem Odenwald nimmt schon teil an dem liebenswürdigen Wesen der Mittelrheingegenden, und es ist bezeichnend genug, daß Grünewald nicht in seiner Vaterstadt Würzburg blieb, sondern, seinem Temperament folgend, erst im Rheinfränkischen seine wirkliche Heimat fand.

In Nürnberg waltet noch der späte Zauber der Prager Kunst, und das eigene Wesen bildet sich, hart und nüchtern oft, aber auch voll Freude an der Fülle und Kraft des Gestaltens; Veit Stoß und Adam Kraft beherrschen die Zeit höchster Blüte.

An Riemenschneider, der Hauptfigur der mainfränkischen Spätgotik, kann sich das Besondere und oft eben auch so ganz Andere dieser Persönlichkeit und ihres künstlerischen Lebensraumes am deutlichsten abzeichnen, dessen Zentrum Würzburg ist, und der sich von hier aus bis in die Rhön hinauf, gen Osten tief in den Steigerwald, ja bis Bamberg erstreckt, im Süden das Taubertal erfüllt und westlich bis nach Aschaffenburg hin ausstrahlt.

Des Menschen Antlitz ist diesem Künstler als eigentlicher Spiegel seelischer Stimmungen die Hauptsache gewesen, ihm wendet er immer alle Aufmerksamkeit zu. Wiewohl der Bereich der Empfindungen und Gefühle zwischen zarter Lieblichkeit, frommer Tatkraft und duldendem Entsagen, unter Ausschluß alles Heftigen und Robusten, nicht eben weit gezogen ist, so mangelt es doch, auch bei so betonter Sparsamkeit an lautem Temperament, keinesfalls an deutlich geprägten Persönlichkeiten. Man muß erkennen, daß in dieser bewußten Beschränkung, nämlich mit nur leichter Variation die Fülle der Gestalten immer von neuem zu studieren und ihre Charakterköpfe zu bilden, die Größe Riemenschneiders mitbeschlossen liegt. Denn: daß er zu jeder Zeit alles konnte, beweist das Werk zur Genüge; handwerkliche Schwierigkeiten oder gar solche des Materials bedeuteten ihm nichts mehr, er formte Holz und Stein gänzlich nach seinem Willen.

Der Meister hat, weit über handwerkliches Geschick hinaus, ein außerordentlich empfindsames Gefühl für die zarte Oberfläche des weichen Lindenholzes, das er als Schnitzer ausschließlich verwendet, aber auch für das feine Korn des fränkischen Sandsteins entwickelt, den er als Bildhauer bevorzugt – sonst hat er nur selten Alabaster, Marmor oder Kalkstein verwendet – und er weiß seinem Material immer den Atem des Lebens mitzugeben. So nimmt er auf seine Art und in aller Demut schon etwas von dem renaissancehaften Materialgenuß der späteren Kleinmeister vorweg, und dem entspricht auch der fast völlige Verzicht auf die bislang für unentbehrlich gehaltene bunte Farbigkeit. Dieser entspringt – so paradox es zunächst klingt – durchaus einem gesteigerten malerischen Empfinden, indem der schnitzende Meister selbst schon durch Mithilfe von Licht und Schatten seinen Gestalten alles mitgibt, dessen sie zum Leben bedürfen. Ihr stilles Wesen ist nun leiser, und zugleich doch eindringlicher vernehmbar als in der herkömmlichen bunten Pracht, weil ja der bei jeder farbigen Fassung unerläßliche Kreidegrund, und auch diese selbst, die meisterlichen Feinheiten des Schnitzmessers auf der Oberfläche des Holzes und ihre zarte Aussage immer wieder beeinträchtigen mußte.

Riemenschneider, sonst kein revolutionärer Neuerer, war hierin aber doch seiner Zeit voraus, und es dauerte noch fast zwei Jahrzehnte, bis sich seine Auffassung von der Farblosigkeit der Altäre und Figuren allgemeiner durchsetzte. Veit Stoß fand erst spät, mit seinem Bamberger Altar, diesen Weg zur leicht getönten Lasur. Mancher Auftraggeber ließ des Meisters Werk deshalb zunächst noch nachträglich fassen, um vorerst der Mode zu genügen. Wo freilich einmal von vorherin Farbe vorgesehen war, hat Riemenschneider gleich ganz anders gearbeitet und die spätere Überdeckung der Schnitzarbeit schon berücksichtigt. Die hohe Meisterschaft in der Führung von Meißel und Schnitzmesser, die virtuose Sicherheit im Handwerklichen, in der er von keinem Zeitgenossen übertroffen wurde, ja, die geradezu innige Freude am Schnitzen, sind seine Stärke.

Darüber hinaus liegt aber das Besondere seiner Art vor allem in der echten und wirklichen Volkstümlichkeit, die er seinen Gestalten mitzugeben wußte, und in dem schlicht erzählenden Wesen seiner Darstellung; diese Verinnerlichung ist Riemenschneiders ureigenster Beitrag zum reichen Kapitel der Kunst um 1500, sie errang ihm schon die großen Aufträge der Zeitgenossen und wieder den späten Ruhm der Nachwelt. Selten hat ein Künstler mit seinem persönlichen Stil, mit seinen holdseligen Marien und seiner Heiligenschar voll einfältiger Reinheit des Glaubens eine ganze Landschaft so rasch „erobert" und durch ein Menschenalter „beherrscht" wie Riemenschneider, der den Zeitgeist in diesem mainfränkischen Lande so ganz erfüllte und aussprach, daß die Nürnberger ihn schon nicht mehr recht verstanden; es gibt auch wohl kaum einen größeren Gegensatz als die sanfte Zurückhaltung Riemenschneiders und die hitzige Heftigkeit Veit Stoßens, die besinnliche Lyrik des Bildschnitzers in der gotischen Bischofsstadt am Main und die dramatische Aktivität des unruhigen Feuergeistes in der weltoffenen Reichsstadt. Riemenschneiders Beitrag zur deutschen Kunst der Dürerzeit war die seelische Mitgift, die er seinen Gestalten schenkte.

Der Meister hat im Laufe seines künstlerischen Schaffens die Themen fast aller Werke, ganz eingebettet in die gläubige Welt des Mittelalters und auf Bestellung frommer Stifter arbeitend, aus Bibel und Legende gewählt – zwei Lüsterweibchen und der Würzburger Rats-Tisch sind die 116 einzig erhaltenen weltlichen Schöpfungen, von kleineren, längst verschollenen kunstgewerblichen Gelegenheitsarbeiten der Werkstatt abgesehen. Er hat dabei Aufgaben aus den Hauptbereichen der mittelalterlichen Bildhauerei übertragen bekommen, sie bewältigt und in endgültiger Weise gestaltet: die monumentale Architekturplastik fand ihren letzten Ausläufer der großen Kathedralkunst mit den Gestalten Adams und Evas, die Grabmalkunst einen Höhe- 17 punkt mit dem Scherenbergstein, der Schnitzaltar seine letzte Krönung mit dem Creglinger 34 Marienaltar. Mit diesen Werken – man kann nur von den erhaltenen sprechen und muß auf die 54 Wertung des längst Verschollenen verzichten – hat Riemenschneider sich seinen festen Platz nicht nur in der deutschen Spätgotik, sondern auch in der abendländischen Kunst erobert, auf deren Gipfel er unter seinen großen Zeitgenossen rechtens verweilt.

Deutschland hat leider bis auf Sandrart hin keinen Kunstschriftsteller gehabt, wie ihn Italien mit Vasari sein eigen nannte, und Würzburg hatte nicht einmal einen Neudörfer, wie in Nürnberg besaß, der als Stadtschreiber und Rechenmeister am Ende des Mittelalters Nachrichten vom Leben und Werk der heimischen Künstler für die Nachwelt gesammelt hat. So konnte es denn leicht geschehen, daß der Name Riemenschneider nach seinem Tode 1531 bald vergessen wurde, und daß durch die Jahrhunderte schließlich nur die eine Erinnerung blieb, daß ein berühmter Meister einst die Grabmäler der Fürstbischöfe Scherenberg und Bibra im Dom zu Würzburg gemeißelt habe. Die Chronisten der Barockzeit kannten sogar seinen Namen nur noch vereinzelt und dazu öfter in ganz entstellter Form.

Erst als 1822 der Grabstein des Künstlers im alten Würzburger Domfriedhof bei Bauarbeiten zufällig gefunden wurde, las ein verdienter Kunst- und Geschichtsfreund den Namen erstmals wieder und ging ihm behutsam nach; 1849, also vor reichlich hundertdreißig Jahren, erschien das erste Buch über den damals noch weithin vergessenen Tilman Riemenschneider.

Wie über seinem Namen, so waltete auch über dem Werk Riemenschneiders kein glücklicher Stern, und es wirkt fast wie ein fortzeugender Fluch aus seinem tragischen Lebensabend, daß mit dem Vergessen seines Namens auch die Mehrzahl seiner Werke zugrunde ging; Baulust und Zierfreude in der katholischen Bischofsstadt Würzburg haben die Denkmäler gotischer Malerei und Plastik schon zur Renaissance- und Barockzeit dezimiert, um neuen Werken Platz zu schaffen, während etwa im evangelischen Nürnberg, das die Bilderstürmer der Reformation verschonten, die überflüssig gewordenen Altäre meist ihre gemalten Flügel schützend über die Figurenschreine legten und so geschlossen, im stillen Schlafe, die Jahrhunderte überdauerten.

Von dem nachweisbar mindestens vorhanden gewesenen reichlichen Dutzend großer Schnitzaltäre Riemenschneiders mit einer unübersehbaren Schar von Heiligen, die im Laufe der Jahrzehnte, während das Mittelalter zu Ende ging, die Werkstätte des Künstlers in der stillen Franziskanergasse verließen, um Würzburgs und Frankens Kirchen zu schmücken, ist nur einem einzigen das Glück schonsamen Vergessenwerdens widerfahren, dem Marienaltar bei Creglingen, den zuletzt noch Heideloff anfangs der dreißiger Jahre des letzten Jahrhunderts als Hochaltar für St. Sebald in Nürnberg zu erwerben versucht hat. Der Rothenburger Blutaltar blieb, wenn auch verfärbt und von Heideloff anders aufgestellt, doch wenigstens in der ihm ursprünglich bestimmten Kirche. Man hat jüngst den häßlichen Anstrich entfernt und ihm wieder seinen angestammten Platz gegeben. Ein weiterer Altar aus Rothenburg rettete sich verstümmelt in das Kirchlein von Detwang im Taubertal, ein Altar aus Windsheim hat sich wenigstens noch im figürlichen Bestande bald nach dem zweiten Weltkrieg in Heidelberg identifizieren lassen.

Von den wenigen Einzelfiguren, die als Reste früherer Altäre Riemenschneiders noch in Würzburgs Kirchen geblieben waren, wurden in den letzten Tagen des jüngsten Krieges, beim Stadtbrande am 16. März 1945 mehrere beschädigt oder vernichtet; verbrannt und verloren sind die volkstümlichen Büsten der drei Frankenapostel im Neumünster vom ehemaligen Domhochaltar (Kopien von Heinz Schiestl in der Neumünster-Krypta erhalten), die Madonna im Dom und die vier Chorbogenfiguren in der Marienkapelle, dazu mehrere Werke seiner Schule im Museum – insgesamt ist es mehr als ein Dutzend an Werken des Meisters und seiner Werkstatt, das in jener Schreckensnacht zugrunde ging.

Aber die beiden Bischofsgrabmäler im Dom, der Salvator mit den drei Aposteln dort, der Schaumbergstein in der Marienkapelle, die Marien in St. Burkard und im Neumünster, der Grabstein des gelehrten Abtes Trithemius dort, Adam und Eva mit der Vielzahl anderer Werke im Mainfränkischen Museum – sie sind, teils in Sicherheit geborgen, teils erst wieder ausgegraben und restauriert, der Nachwelt geblieben an der Wirkungsstätte des Meisters; ihre Schar ist hier sogar noch bereichert worden: im Museum durch Schenkungen und Ankäufe der letzten Jahrzehnte, wie durch den Rückkauf des Würzburger steinernen Marienbildes aus dem Ausland, durch die Madonnen-Statuette, den Schmerzensmann, insgesamt über zehn bislang unbekannt gebliebene Werke des Meisters und seiner Werkstatt; eine schöne Maria mit Kind aus des Meisters Werkstatt hat jüngst aus dem Ausland zurückgefunden und steht im Dom. Sie alle halten in der wiedererstandenen Stadt einen Hauch seines Geistes wach und die Erinnerung an eine Epoche, da das lauteste Zeichen alltags und sonntags hier noch die Glocken waren.

Riemenschneiders Werke waren, wie die Fülle der Aufträge erweist, schon zu Lebzeiten des Künstlers lebhaft begehrt, und er beschäftigte stets eine stattliche Zahl von Gesellen und Schülern von nah und fern, welche die Kirchen und Kapellen des Landes mit heiligen Gestalten auszuschmücken halfen. Freilich, das Verbreitungsgebiet war beschränkt zwischen Rhön und Tauber, zwischen Aschaffenburg und Bamberg, und der Auftrag für Wittenberg ist eine Ausnahme geblieben. So erreichte der „Bildschnitzer von Würzburg", wie ihn die Zeitgenossen

Maria mit dem Kinde. München, Bayerisches Nationalmuseum

nannten, zu Lebzeiten noch nicht Veit Stoßens weithin strahlenden Ruhm, dessen Werke, weit über Nürnberg hinaus, auch in Salzburg und Wien, in Florenz und Krakau zu finden waren.

In Mainfranken wurde der Meister aber schon in jungen Jahren berühmt, und seine Kunst hat von 1490 an auf ein Menschenalter das ganze mittlere Maingebiet beherrscht, allerdings eben nur dieses, aber dafür mit einer Vollständigkeit, die Pinder zu dem Worte vom „zarten Tyrannen" Riemenschneider veranlaßte. Allerdings hatte der Künstler auch keinen nennenswerten Nebenbuhler in Würzburg.

Es ist kein Zweifel, daß der Meister von seinen Zeitgenossen verstanden wurde, ihnen etwas zu sagen hatte, wonach sie Verlangen trugen. Nachdem Würzburg keine spätgotische Malerschule von Rang hervorgebracht hat, gilt Riemenschneiders Werk heute als das, was es seinerzeit tatsächlich auch war, als die Verkörperung der mainfränkischen Spätgotik, und er selbst als künstlerischer Exponent der Landschaft in einer sonst hier nicht wieder anzutreffenden Ausschließlichkeit. Peter Wagner wäre der einzige, dessen durch ein Menschenalter währende Volkstümlichkeit und Auftragsfülle zur Zeit des späten Rokoko in Franken etwa mit jener Riemenschneiders verglichen werden könnte.

Im Konzert der Stile klingt die deutsche Stimme oftmals gegen Schluß heller auf, und hier bieten sich dann nicht nur besondere Aufgaben in der Entwicklung, sondern auch besondere Gelegenheiten, Letztes zu verkünden. Das gilt von Riemenschneiders Zeit; er steht in jenem dichten Wuchs genialer künstlerischer Begabungen, der nach dem ersten Drittel des 15. Jahrhunderts Deutschland mit der staunenswerten Fülle großer Talente und Namen überzog. Und es gilt auch von dem Ort seines Wirkens: Würzburg. Was zog den Niedersachsen an den Main, was veranlaßte ihn, nach zünftiger Wanderschaft im Südwesten und Süden des Reiches, hier zu bleiben? Doch wahrscheinlich eben das, was reichlich zweihundert Jahre später Balthasar Neumann bewog, fern von Eger und aus noch ferneren Feldzügen und Reisen bis Wien und Oberitalien hinaus, Würzburg für sein Lebenswerk auszuwählen.

Was Goethe einmal vom Norden Deutschlands sagte: daß er gebildet, aber bildlos sei, das gilt noch nicht für das ausgehende Mittelalter vor der bilderstürmenden und bilderfeindlichen Reformation. Minister Frhr. v. Eggers, ein kluger und feinfühliger Däne hat es wohl gespürt, was den Bildhauer wie den Baumeister einst an die stille Bischofsstadt zu fesseln vermochte, wenn er 1804 in sein Tagebuch schrieb: Würzburg liegt an der Scheide des nördlichen und des südlichen Deutschland und nimmt an beider Vorzügen teil: hier amalgamieren sich des Nordländers tieferer Sinn und des Südländers lebhafte und feurige Vorstellungskraft!

Nicht nur Würzburgs und Frankens künstlerisches Gesicht, sondern auch das Gesamtbild der deutschen Spätgotik hat durch Riemenschneiders Werk wesentliche Züge empfangen, und überall, wo heute in der Welt sein Name genannt wird, steht neben ihm die Erinnerung an die türmereiche, sonnige Bischofsstadt, an rebenbehangene Hügel und an des Maines „stromdurchglänzte Au".

DAS LEBEN

Es war gewiß ein großen Erlebnis für den Sohn des Münzmeisters Tilman Riemenschneider aus Osterode am Harz, als er, wahrscheinlich 1478, spätestens 1479, wohl eben Bildschnitzergeselle geworden und also auf der zünftigen Wanderschaft, gen Süden zog: etwa achtzehnjährig kam er zum ersten Male nach Würzburg.

Freilich hatte der junge, um 1460 in Heiligenstadt geborene Tilman, der in Osterode groß geworden war und diese Stadt auch später als seine Heimat angab, daheim schon oft den Namen der Stadt Würzburg gehört, wenn vom Vatersbruder, seinem Oheim Nikolaus, erzählt wurde; der war einst von Northeim, wo er ein Kanonikat innehatte, ins Mainland gegangen und diente seit 1458 dem Bischof von Würzburg als rechtskundiger Rat und Notar; sein üblicher Lebensweg in der Sonne spätmittelalterlichen Pfründewesens stach merklich von dem friedlosen Alltag des Bruders, des von Heiligenstadt an der Leine nach Osterode im Harz gekommenen Münzmeisters, ab. 1471 machte der offenbar vom Unglück aufgrund lokalpolitischen Engagements verfolgte Vater Tilman sich auf, und 1474 wiederum, als Güterarrest ihn bedrohte, um sich bei dem gelehrten Bruder im Süden Rat zu holen; dieser war mittlerweile auch Kanonikus des St. Peter- und Alexanderstiftes in Aschaffenburg geworden und besaß sogar im äußersten Südwesten der Würzburger Diözese, an St. Kilian zu Heilbronn, noch eine Pfründe.

Der verzweifelte Münzmeister in Osterode, dem mit seiner gewiß auch aus dem Eichsfeld stammenden Ehefrau Margarete zeitweilig sogar die Exkommunikation drohte, konnte in Würzburg auch vom jungen Sohn Til erzählen – gewiß nur Gutes, denn der geistliche Herr Fiskal entschloß sich, dem Neffen zu helfen, indem er ihm eine Altarpfründe am Stifte St. Johannis im Haug, damals noch vor Würzburgs Mauern, verschaffte. Das bedeutete zu jener Zeit keinen Zwang zum geistlichen Stande, sondern allenfalls Verpflichtung zu den niederen Weihen, aus denen der Rücktritt immer möglich war. Diese Einkünfte waren wohl im Elternhaus höchst willkommen, und der Bildschnitzer Tilman hat später für seinen eigenen Sohn selbst das Gleiche wieder zu erreichen versucht. Wie verbreitet diese Sitte oder Unsitte damals war, zeigen viele andere Beispiele, etwa das Gesuch der Äbtissin von St. Clara in Hof, die ihrem Maler Hans 1486 eine Pfründe am Bamberger Dom zu verschaffen suchte.

Will man – wofür alles zu sprechen scheint – Riemenschneiders Geburtsjahr rund um 1460 annehmen, so könnte er mit vierzehn Jahren, wie üblich, in die Lehre gekommen sein und nach vier bis sechs Jahren ausgelernt haben, um auf die Wanderschaft zu gehen. So mag er den Oheim getroffen oder zum Tode seines Gönners gerade noch zurecht gekommen sein, als er 1478 seine Schritte nach Würzburg lenkte; 1479 ist der junge Til jedenfalls in Würzburg und verzichtet nun – sei es, daß er sich ganz für seine Kunst entschieden hat und auf Wanderschaft bleiben will, oder sei es, daß die Pfründe nach des Oheims Tode nicht zu halten war – auf das Benefizium bei den Stiftsherren dort. Sicherlich kam er aus rein geschäftlichen Gründen auch schon bald mit den Testamentaren des Oheims in Berührung, die zugleich die höchsten geistlichen Dignitäre in der Bischofsstadt waren: mit Dompropst Dr. Kilian von Bibra, dem Freunde und Altersgenossen des damals schon hochbetagten Bischofs Scherenberg, und mit Johannes von Allendorf, dem Propst des Ritterstifts St. Burkard zu Würzburg und Kanzler des Bischofs.

Man kann nur vermuten, wohin die Wanderschaft des Gesellen Til führte, der ja als Bildschnitzer und als Steinbildhauer eine doppelte Ausbildung erfuhr, und Schlüsse ziehen aus

Bildschnitzer und Kunsthandwerker.
Holzschnitt aus einem Blockbuch um 1470. Ausschnitt

dem Stil seiner späteren Werke. Vielleicht zog er, dessen Familie aus dem mainzischen Eichsfeld stammte, über Erfurt, den Vorort des mainzischen Besitzes in Thüringen und ein blühendes Zentrum gotischer Kunst, gen Süden. Schwaben und den Oberrhein muß er gesehen, wohl zu Syrlins Werkstatt in Ulm, vielleicht zu Friedrich Schramm in Ravensburg und zu Martin Schongauers Werkstatt Beziehungen geknüpft haben; dessen Stiche gehörten dann zum festen Bestande seiner Werkstatt, wie vor allem die Reliefs seiner Flügelaltäre später immer wieder verraten. Die Lehrzeit hatte er wohl üblicherweise daheim verbracht; wenn sein Vater als Münzmeister, d. h. als Verwalter einer landesherrlichen Münzstätte, auch nicht selbst künstlerisch tätig war, so hatte er als gelernter Kupferschmied doch durch seinen Beruf Umgang mit Bildhauern und Kunsthandwerkern, die sich des Sohnes annehmen konnten.

Gewiß brachte Riemenschneider, der etwa gleichaltrig mit Adam Kraft und Peter Vischer ist, aber jünger als Veit Stoß, Niederdeutsches mit nach dem Süden, das aber dann, in den Bildhauerwerkstätten Schwabens und bei den oberrheinischen Meistern in der Nachfolge Nicolaus Gerhaerts, sich mit dem oberdeutschen Element auf eine harmonische Weise vermischte und schließlich fast ganz zurücktrat. Diese Beziehungen zum Werk und Kreis Gerhaerts, das sich in der Neumünster-Steinmadonna Riemenschneiders deutlich spiegelt, sind durch Hinweis auf die Riemenschneider ganz offensichtlich sehr nahestehende Madonna aus Wasserliesch bei Trier im Bischöflichen Museum jetzt erhärtet. Stark ist der Geselle bereits in den wechselnden Werkstätten auch von den überall begierig aufgenommenen Graphiken beeinflußt worden, die oft als Vorlageblätter für Bildhauer gedacht waren. Er ging jedenfalls wieder an den Main zurück, wo Schongauers Stil schon durch einen Schüler verbreitet wurde, den Holzschnitt-Meister „A.G.", der zwischen 1480 und 1490 für Würzburg tätig war.

1483, im Todesjahr des Vaters, ließ Til Riemenschneider sich als „Malerknecht", wie auch die Bildhauergesellen damals hießen, in Würzburg nieder; er legte der St. Lukasgilde, die – wie

23

vielerorts sonst – aus einer Gebetsbruderschaft zur Zunftvereinigung der Maler, Bildhauer und Glaser geworden war, seine Lehrbriefe vor und wurde am 7. Dezember in ihre Reihen aufgenommen. Bei wem er tätig war und was er arbeitete, ist unbekannt; die einheimischen Künstler, etwa Meister Linhart, der die Grabsteine der letztverstorbenen Bischöfe gemeißelt hatte, konnten ihm künstlerisch nicht mehr viel bieten. Jedenfalls bewegte sich sein Leben, dem geleisteten Eide getreu, in den vorgezeichneten Bahnen des zünftigen Brauches. Dazu gehörte es auch, daß Meisterrecht, Heirat und Bürgerrecht miteinander verkoppelt waren; die Ehelichung einer Meisterwitwe brachte dem Gesellen stets die Meisterwürde, und verheiratet mußte er sein, um Lehrbuben, wie es das Handwerk verlangte, im Haushalt aufnehmen zu können; Meister werden konnte aber nur, wer Bürger war. Das alles, Heirat, Meisterwürde und Bürgerrecht wird Riemenschneider im Frühjahr 1485 beurkundet. Seine Frau Anna Uchenhofer, ihm an Jahren merklich voraus, war die Witwe des Goldschmieds Ewald Schmidt; sie brachte drei heranwachsende Söhne, dazu Haus und Hof, mit in die Ehe, aus der dann eine Tochter Gertrud hervorging.

Dem Namen nach durch den hochangesehenen Oheim in Würzburg längst bekannt und vielleicht durch Erbschaft auch schon begütert, jedenfalls in den tonangebenden Kreisen der geistlichen Metropole bestens eingeführt, Bürger der Stadt und Hausherr im Hofe zum Wolfsmannsziechlein in der Franziskanergasse: so steht der an Statur hochgewachsene Meister als Mittzwanziger am Beginne seines Lebenswerkes. Er fängt an, begünstigt und eingebettet in das behagliche Leben alter Zunftherrlichkeit, das die freundliche Sonne friedlichen Wohlstandes im ausklingenden Mittelalter verklärt. Ihr Untergang zieht später den greisen „Meister Til" noch in den Strudel des Verhängnisses. Die Gewitterwolken freilich zogen schon herauf, und das erste Donnergrollen ertönte, als er eben in die Stadt kam: 1477 predigte der berühmte Geiler von Kaysersberg im Dom zu Würzburg gegen das unchristliche Leben in Kirche und Welt, und wenig später mußte Hans Böhm von Niklashausen, das „Pfeiferhänschen", der im Taubergrunde vor unermeßlichen Menschenmengen seine revolutionären Predigten landauf, landab gehalten hatte, auf dem Schottenanger zu Würzburg den Scheiterhaufen besteigen.

Des Meisters Arbeit hat rasch Beifall und Freunde gefunden, und schon als Dreißiger kann er über Mangel an Aufträgen nicht klagen; als Vierziger steht er im ersten Jahrzehnt des neuen Säkulums auf der Höhe und in der Fülle des Schaffens. Die Städte des Frankenlandes bestellen große Schnitzaltäre, die Stadt Würzburg übertrug ihm sechzehn lebensgroße Steinfiguren, der landsässige Adel Grabmäler, die Domkapitel von Würzburg und Bamberg lassen Bischofsgrabmäler und ein Kaisergrab in seiner Werkstatt arbeiten. Es mag dahingestellt bleiben, ob Riemenschneider schon gelegentlich „auf Lager" arbeitete, was damals durchaus üblich wurde, wie denn ja Veit Stoß auch einen Verkaufsstand an der Liebfrauenkirche in Nürnberg hatte. Ob das aus Papiermasse nach des Meisters Original aus einer Model hergestellte alte Pietà-Relief im Mainfränkischen Museum aus seiner Werkstatt stammt, oder ohne sein Mittun – etwa bei der Dettelbacher Marienwallfahrt – vertrieben wurde, bedarf noch der Klärung. Die Auftragsfülle hat ihn vermutlich alle Jahre hindurch vollauf beschäftigt, so daß er zusätzlicher Schnitzarbeiten nicht bedurfte.

Der Tod rief 1495 die Frau von seiner Seite; 1497 heiratete er Anna Rappolt, da er nach Zunftbrauch „bei eigenem Herd und Rauch" wohnen mußte, wenn er Lehrlinge und Gesellen beschäftigen wollte; außerdem hat er, wie er selbst angibt, „Mut und Willen" wieder zu heiraten, weil es ihm und den Kindern abträglich sei, „mit Dienstmädchen hauszuhalten". Sie brachte ein Haus nächst der Domstraße mit in die Ehe ein und schenkte ihm in knapp zehnjähriger Ehe drei Söhne und eine Tochter, und beide sorgten noch für den letzten, schon bald selbständig werdenden der Stiefsöhne und für die Tochter aus des Meisters erster Ehe, sorgten für ihre eigenen vier Kinder und für die vier jugendlichen Geschwister der Gattin, die der Mutter entbehrten.

1507 heiratete Gertrud, die ältere Tochter, und 1508, kurz nach der Hochzeit des Stiefsohnes Klaus, des Goldschmiedes, zog dann Margarethe, die Witwe des Schmiedemeisters Würzbach, als dritte Hausfrau in des wieder verwitweten Meisters Hof und brachte dazu ein Haus in der Neubaustraße und etliche Weinberge ein; aber auch ihr mußte er, wohl in der zweiten Hälfte des zweiten Jahrzehnts, ins Grab schauen. Bei des Meisters und seiner Kinder Hochzeiten fehlte nie das übliche Weingeschenk des Stadtrats, dessen sorgfältige Verbuchung uns willkommene Familien-Daten überliefert hat.

Der Meister trat schon bald im öffentlichen Leben der Stadt hervor: Im Jahre 1504 berief man ihn in den Rat, und während Dürer eben damals in Venedig dankbar die ihm dargebrachten Ehrungen empfing, zog der „Bildschnitzer von Würzburg" in das heimische Ratskollegium ein, dem er über zwei Jahrzehnte angehörte. Im Wechsel der Jahre wurden ihm die verschiedensten Ämter – heute: Referate – übertragen; er hatte, teilweise wiederholt, die jährliche Aufsicht über das Bauamt, die städtischen Fischwasser, über die Kapellenpflege der Marienkapelle am Markt, versah das Steueramt und die Bürgerspitalpflege. Es lag Riemenschneider gewiß fern, sich vorzudrängen, aber er hat offenbar doch auch keinen Anlaß genommen, sich von den öffentlichen Verpflichtungen zurückzuziehen. Daß er sich gegen seinen Willen immer wieder hätte überreden lassen, ist nicht wahrscheinlich; glaubhafter, daß seine besonderen menschlichen Eigenschaften: Herzensgüte und Verhandlungsgeschick, ihn immer wieder dem Rate empfahlen, der es dafür dem vielbeschäftigten Meister auch nicht verübelte, daß die Amtsrechnungen hie und da nicht ganz stimmten.

Mit seiner Ehefrau Anna trat Riemenschneider der Ratsbruderschaft in der Marienkapelle bei, für die er schon soviel getan hatte. Ihm wurde die Ehre zuteil, mit einigen Ratskollegen 1505 Kaiser Maximilian bei seinem Einzug am Stadttor begrüßen zu dürfen, und man hätte gewiß keinen würdigeren Ratsherrn in Würzburg finden können, als es galt, das kunstbegeisterte Reichsoberhaupt willkommen zu heißen. Es ist nicht überliefert, daß sich daraus eine nähere Beziehung entwickelt hätte, wie sie zwischen dem Kaiser und Veit Stoß entstanden war und in der höchsten Not dieses Künstlers sich bewähren sollte.

Im Jahre 1507 wurde der Künstler unter die „Hausgenossen" des Domkapitels aufgenommen, deren zwanzig gegen Vergütung auch Ehrenämter zu versehen hatten; Meister Til wirkte so bis 1519 als „Unterbergmeister" mit Aufsicht über die kapitelschen Weinberge; er gab Anweisung über Bebauung und Weinlese; später wurde eine Art Beamtenpfründe aus dem bürgerlichen Ehrenamt, der sich etwa auch Balthasar Neumanns Schwiegervater als Hofkanzler und Neumanns Sohn samt Schwager erfreuten; mehr als die Einkünfte mag für den Betroffenen die Zugehörigkeit zur großen Institution des Domstifts und vor allem die gerichtliche Immunität gewogen haben. 1509 wählte man Meister Til in den aus drei Ratsherren bestehenden Oberen Rat der Stadt, dessen Vorsitzender ein Domherr war; die gleiche Ehre widerfuhr ihm 1514 und 1518 nochmals.

Es fällt auf, daß diese Zeit öffentlichen Wirkens und wachsenden Wohlstandes – der Meister besaß schließlich mehrere Häuser und zahlreiche Weinberge – doch im zweiten Jahrzehnt, soweit man heute angesichts der dezimierten Zahl der überkommenen Werke noch beurteilen kann, eine Minderung in der Anzahl der eigenhändigen Werke mit sich brachte. Die Werkstatt freilich schwoll an, und der Meister mußte seinen Gehilfen, die nicht nur aus Franken, sondern von Köln bis Landshut zu ihm kamen, vieles überlassen. Man kann sich vorstellen, daß das Ratsherrnamt ihn öfters über Gebühr beanspruchte, zumal, seit er auch noch dem Obersten Rat angehörte.

Im November 1520, also in dem Jahre, da Albrecht Dürer nach Antwerpen reiste und, am Hofe Kaiser Karls V. verweilend, verdienten Ruhm genoß, wurde Meister Til, der Bescheidene und Zufriedene, den es nie aus dem umhegten Bezirk seiner Wahlheimat mehr fortgezogen hatte, als ein im öffentlichen, im Hof- und Verwaltungsleben gewandter Ratsherr, als begüterter Bürger, getragen vom Vertrauen des Fürstbischofs, des Domkapitels und der Bürgerschaft, zum Bürgermeister von Martini 1520 bis Martini 1521 gewählt. Es war dies eine Ehrung, wie sie damals auch anderen großen Künstlern unter Riemenschneiders Zeitgenossen zuteil geworden ist: Der Maler und Ratsherr Albrecht Altdorfer wurde in Regensburg zum Bürgermeister gewählt, und der Maler Lucas Cranach war Ratsherr und Bürgermeister in Wittenberg, der Bildhauer Loy Hering war Ratsherr und Bürgermeister in Eichstätt. Altdorfer allerdings hat 1518 das ihm angetragene Amt abgelehnt, um seine „Alexanderschlacht" vollenden zu können. Nach 1521 trat Riemenschneider wieder in den Rat zurück und versah das Pflegeamt der Marienkapelle, zu deren Schmuck er durch die Gestalten des ersten Menschenpaares, der Apostel und durch Altarwerke beigetragen hatte.

Der Sechziger, nun auf der Höhe seines bürgerlichen Lebens, da man ihn zum Bürgermeister wählte, hatte nicht ohne Hausfrau und Gefährtin bleiben können und ehelichte wiederum eine Margarethe, von der nicht mehr bekannt ist, als daß sie, die vierte Frau des Meisters, die Tage des Glanzes und bald darauf die Jahre des Unglücks mit ihm teilte und auch dem Sterbenden noch zur Seite war. Beide hatten dem Franziskanerkloster, in dessen Nähe sie ja wohnten, vielleicht anläßlich ihrer Hochzeit, für einen Jahrtag Kelch und Patene geschenkt.

Die Stiefsöhne waren längst dem Hause entwachsen, zwei waren im Berufe dem Vater gefolgt und wieder Goldschmiede geworden; Gertruds Hand hatte 1507 Bernhard Hop erbeten, der es bis zum hochangesehenen Amte des Hofschultheißen brachte. Die jüngere Tochter verließ bereits 1518 als Ehefrau das Vaterhaus. Auch bei ihrer Hochzeit hatte der Rat, wie bei allen Familienfesten des Ratsherrn Riemenschneider, mit einer Gabe Weines seine Glückwünsche überbracht. Die drei eigenen Söhne des Meisters hatten von seinem künstlerischen Talent geerbt.

Jörg, der Bildschnitzer, heiratete 1522, da sein Vater als Altbürgermeister im Rate saß, war also damals schon Meister. Er war ein Schüler seines Vaters und einer seiner künstlerischen Erben in Würzburg, und er hat zweifellos in dessen Werkstatt lernend schon seit 1515 mitgearbeitet. Wenige Jahre nach des Vaters Tode, 1531, war er 1534 Geschworener der Lukasgilde und starb nach 1570; ‚er will uns alle überleben', schrieb damals ein Künstler, voll Verwunderung und den Kopf schüttelnd, ins Zunftbuch über des großen Tilman wenig bedeutenden Sohn.

Für Hans, seinen um die Jahrhundertwende geborenen Sohn, bewarb sich der Vater 1516 beim Stadtrat um eine Pfründe an der Ratskapelle und am Bürgerspital, wie es sein Oheim für ihn selbst in jungen Jahren am Stift Haug getan hatte, unterlag aber zweimal gegen die Kandidaten der Altbürgermeister. Hans zog später als Bildhauer nach Nürnberg; ohne daß von

Vorbereitung zur Folter. Holzschnitt aus der Bambergischen Halsgerichtsordnung.
Bamberg 1507 und Mainz 1508

seinem Werk viel Rühmens gemacht worden wäre – es ist keines heute mit Sicherheit
nachzuweisen – starb er dort hochbetagt im Jahre 1581.

Der jüngste Sohn Bartholomäus, wohl kurz nach der Jahrhundertwende geboren, blieb auch
in der Lukasgilde, aber er wurde Maler. Als Lehrbub ist er eine Zeitlang bei Albrecht Dürer und
mit ihm auch einmal in Bamberg gewesen. Später muß er zu Jörg Breu in nahe Beziehungen
getreten sein, wie sein Werk ausweist. 1526, ein Jahr nach der Katastrophe im Würzburger
Elternhaus, ist er als Meister am Hofe des kunstsinnigen Bischofs Bernhard von Cles in Trient
zu finden, dann als Bürger in Bozen, wo er um die Jahrhundertmitte gestorben ist. Barthel Dill,
wie er genannt wurde, hatte eine reiche Tätigkeit entfaltet. Eine Anzahl signierter Tafelbilder,
vor allem in Brixen, und einige der bekannten, riesigen bemalten Fayence-Öfen berichten noch
heute vom Sohne des Würzburger Bildschnitzers und seinem Wirken in Tirol. Als Schöpfer
dieser figürlich bemalten Kachelöfen – heute u.a. in den Museen zu London, Brixen, Wien und
Berlin – gehört er zu den Führenden seiner Zeit. Sein gleichnamiger Sohn, also Meister Tils
Enkel, ist um die Jahrhundertmitte bis 1578 nachweisbar als Maler in Meran ansässig, wie die
neuere Tiroler Forschung, die beide erst wieder greifbar machte, ermittelt hat.

Es wurden unruhige Jahre, nicht nur in Würzburg, sondern in ganz Franken und überall in
Südwestdeutschland – nicht erst, seit Luther, der auf der Reise zum Wormser Reichstag auch

bei den Augustinern in Würzburg genächtigt und Fürstbischof Bibra auf dem Marienberg besucht hatte, seine Lehre verkündete. Alte und lang schwelende, wie neue soziale Ideen und religiöse Erneuerungsbestrebungen loderten auf und mischten sich bald. Während diese den Meister nicht berührten, hatte er für jene anderen gewiß doch ein Ohr; man darf es daraus schließen, daß er als Ratsherr die Steuerpflicht von Adel und Geistlichkeit vor Bischof und Domkapitel energisch vertreten hatte, oder etwa auch bereit gewesen war, einem armen Hirtenbuben dort sein Recht zu verschaffen.

Hatte der Meister durch Jahrzehnte das Vertrauen der hohen Herren besessen, so war es im Anfang der zwanziger Jahre zu ärgerlichem und peinlichem Streit mit einigen Domherren wegen einer angeblich schon quittierten, aber nicht bezahlten Rechnung für den Domhochaltar gekommen; doch wäre es wohl verfehlt, daraus allein des Meisters Verhalten im Jahre 1525 zu erklären. Er war gewiß nicht der Mann, der, wie Veit Stoß, des Geldes wegen zum Störenfried werden konnte, abgesehen davon, daß er es, wirtschaftlich gesehen, kaum nötig hatte. Sein Konflikt wurzelte gewiß tiefer. Jedenfalls hat er ohne Rücksicht auf seinen Besitz und seine bürgerliche Existenz sich als Ratsherr auf die Seite Jener gestellt, die das Wort seiner Evangelisten und Apostel zum Zeugnis anriefen für ihren Aufstand gegen eine religiös erstarrende und sozial gespaltene Welt; so stand er nun gegen seinen Herrn, den Fürstbischof Konrad von Thüngen.

1525 sagten die Würzburger Bürger ihrem Fürstbischof den Gehorsam auf, der daraufhin seine Burg Marienberg über der Stadt verließ und sich außer Landes begab. Riemenschneider hatte durch seine eigene Stellungnahme jene der Stadtväter beeinflußt und als Ratsherr an dem Beschlusse teilgenommen, der die fürstbischöfliche Forderung auf Einsatz der Bürgerschaft gegen die Bauern ablehnte. Zudem hatte er ein gefährliches Gerücht, das ein als Aufwiegler übel beleumundeter Musikant namens Bermeter ihm zutrug, guten Glaubens weitererzählt und dadurch die Stimmung der Stadt gegen den Bischof aufgebracht. Mittlerweile hatte sich die Entscheidung vorbereitet: dem Bauernheer war die Eroberung der Burg Marienberg mißlungen; es erlitt bald darauf die vernichtende Niederlage im Taubergrunde. Stadt und Rat mußten sich am 7. Juni 1525 der bischöflichen Macht, auf Gnade und Ungnade ergeben.

Mit anderen schuldigen Ratsherren und Bürgern wurde Riemenschneider am nächsten Tage verhaftet; ein Leidensgenosse, der Stadtschreiber Martin Cronthal, hat die Erlebnisse dieser Zeit: Gefängnis, Schrecken und Folter, als Augenzeuge überliefert. Daß ihm in der Folter die Hände gebrochen worden seien, ist eine erst viel später entstandene Legende. Nach acht Wochen endlich ließ man den Meister, der im Keller des Randersackerer Turmes auf dem Marienberg gefangengehalten wurde, frei; er ward aus dem Rate ausgestoßen und mit der Einziehung eines Teiles seines Vermögens bestraft, aber man hatte sein Leben doch geschont, als die harte, nach altem Recht oft grausame Vergeltung des Siegers, wie sie übrigens ja fast zu allen Zeiten vorkommt, viele Bürger, auch Künstler darunter, den Kopf gekostet hatte. Des Meisters Zunftgenosse, der Maler Philipp Dittmar, wurde auf dem Markte enthauptet, und auch andernorts wurden Künstler hingerichtet. Albrecht Dürer hat ein Denkmal für diesen gescheiterten Bauernkrieg entworfen. Danach schuf er die Apostelbilder als Vermächtnis an Nürnberg. Riemenschneiders Maidbronner Altar, kurz vorher vollendet, ist eine ähnliche Aussage; beide Werke sind nur vor dem zeitgeschichtlichen Hintergrunde ganz zu verstehen.

Meister Tils Schicksal ist zum Thema vieler Romane geworden, auch Schauspiele und Oper

Klagende Frauen und Johannes von einem ehem. Heiligkreuzaltar.
Schloß Harburg an der Wörnitz

und Filme haben sich damit beschäftigt. Thomas Mann hat in seinen „Reden zum Zeitgeschehen" Riemenschneiders Konflikt so gesehen:

„Damals lebte in Deutschland ein Mann, dem meine ganze Sympathie gehört, Tilman Riemenschneider, ein frommer Kunstmeister, ein Bildhauer und Holzschnitzer, hochberühmt für die treue und ausdrucksvolle Gediegenheit seiner Werke, dieser figurenreichen Altarbilder und keuschen Plastiken, die, viel begehrt, über ganz Deutschland hin die Andachtsstätten schmückten. Ein hohes menschliches und bürgerliches Ansehen hatte der Meister sich in seinem engeren Lebenskreise, der Stadt Würzburg, auch erworben und gehörte ihrem Rate an. Nie hatte er gedacht, sich in die hohe Politik, die Welthändel zu mischen – es lag das seiner natürlichen Bescheidenheit, seiner Liebe zum freien und friedfertigen Schaffen ursprünglich ganz fern. Er hatte nichts vom Demagogen. Aber sein Herz, das für die Armen und Unterdrückten schlug, zwang ihn, für die Sache der Bauern, die er für die gerechte und gottgefällige erkannte, Partei zu nehmen gegen die Herren, die Bischöfe und Fürsten, deren humanistisches Wohlwollen er sich leicht hätte bewahren können; es zwang ihn, ergriffen von den großen und grundsätzlichen Gegensätzen der Zeit, herauszutreten aus seiner Sphäre rein geistiger und ästhetischer Kunstbürgerlichkeit und zum Kämpfer zu werden für Freiheit und Recht. Seine eigene Freiheit, die würdige Ruhe seiner Existenz gab er daran für diese Sache, die ihm über Kunst und Seelenfrieden ging. Sein Einfluß war es hauptsächlich, der die Stadt Würzburg bestimmte, der „Burg", dem Fürst-Bischof die Heeresfolge gegen die Bauern zu verweigern und überhaupt eine revolutionäre Haltung gegen ihn einzunehmen. Er hatte furchtbar dafür zu büßen. Denn nach der Niederwerfung des Bauernaufstands nahmen die siegreichen historischen Mächte, gegen die er sich gestellt, grausamste Rache an ihm; Gefängnis und Folter taten sie ihm an, und als gebrochener Mann, unfähig hinfort, aus Holz und Stein das Schöne zu erwecken, ging er daraus hervor."

Der Meister war nun, als ein Hauptschuldiger am Abfall der Stadt von ihrem Herrn, in der Öffentlichkeit untragbar geworden, seine bürgerliche Existenz dadurch stark beeinträchtigt. Es ist, soviel wir wissen, kein Werk erhalten, das der Künstler nach dem Schreckensjahre geschaffen hätte. Die Katastrophe, die über den in der Mitte der Sechziger Stehenden hineingebrochen war, muß ihm den Mut genommen haben, wieder zur Arbeit zu greifen, den anderen, sie ihm zu übertragen. Es blieb auch nicht aus, daß mit dem Weitergreifen der neuen Lehre und im Gefolge der Unruhen die Bestellungen der Gläubigen in Stadt und Land für Figuren und Altäre weniger wurden. Die Bildhauerei lebte in der folgenden Zeit vor allem als Grabmalkunst fort; alte Klöster veröudeten bald, und manche gingen für immer ein. Die einzige Nachricht über Riemenschneiders Tätigkeit nach der Katastrophe von 1525 ist bezeichnend genug: die Benediktinerinnen in Kitzingen am Main baten den Meister 1527, die während des Bauernaufstandes zerstörten Altäre ihrer Klosterkirche wiederherzustellen. Offensichtlich war er 1529 auch noch einmal für die Kirche in Marktbreit tätig.

So wurde es still um den Meister, der – wohl eben über die Siebzig hinaus – am Abend des 7. Juli, am Vorabend des Kiliantages, im Jahre 1531 diese Welt verließ. Im Leichhof zwischen Dom und Neumünster fand er seine letzte Ruhestätte. Jörg Riemenschneider meißelte seinem Vater die Grabplatte aus rotem Mainsandstein. 1822 bei Grabarbeiten zufällig gefunden, gab sie den Anlaß zur Erforschung von Leben und Werk des Meisters; das Original steht im Riemenschneider-Saal auf der Festung in Würzburg; die Nachbildung an der Nordseite des Domes gegen den Kiliansplatz wird alljährlich zum Todestage mit einem Kranz geschmückt; sie

21

zeigt die lebensgroße Reliefgestalt Tilmans, der, angetan mit Schaube und Barett, den Rosenkranz in der Hand hält, dem alten Glauben also treu geblieben war; zu seinen Füßen steht das redende Wappen, das schon der Vater im Harz geführt hatte, und das später noch der Sohn in Tirol führen wird. Die Umschrift sagt:

„Anno domini MCCCCCXXXI am abent Kiliani starb der ersam und kunstreich Tilman Rimenschneider Bildhauer, burger zu Wurczburg, dem got gnedig sey. Amen.“

Das Wappen Til Riemenschneiders, das auch sein Sohn Barthel in Tirol benutzte, vom Grabstein des Meisters 1531

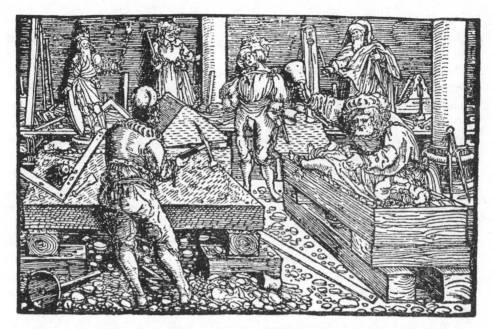

Bildhauerwerkstatt. Holzschnitt aus Petrarca, Trostspiegel. 1532

DIE WERKE

Die Anfänge des jungen Meisters werden, was sein künstlerisches Schaffen angeht, von der Forschung noch diskutiert, weil urkundliche Überlieferung erstmals für die Arbeit des etwa Dreißigjährigen im Jahre 1490 zeugt.

Der Grabstein Eberhards von Grumbach in Rimpar, eines Neffen des letztverstorbenen Bischofs Grumbach, gehört in die frühe Zeit; er ist wohl nach dem Tode des Ritters 1487 im Auftrag der Familie, die den Meister von da ab immer wieder beschäftigte, entstanden. Das Grabmal repräsentiert den schönen und wirkungsvollen, aber traditionellen Typ, vom jungen Künstler in der Art der Zeit trefflich und mit etwas Eigenem dazu gestaltet. Die schlanke, lebensgroße Gestalt in voller Rüstung, stattlich und dekorativ, geschmückt mit den Insignien des Schwert-Ordens und zweier Rittergesellschaften, der Fürspange und des Bären, voller Feinheit im Detail, ist eines der schönsten Werke dieses Jahrzehnts überhaupt. Das gilt auch von der in Stein gemeißelten, anmutigen Maria im Neumünster mit ihrem lieblichen Anlitz, mit der lebhaften Behandlung des Gewandes voll kurzer knittriger Falten, und mit dem so gesunden rundlichen Kind. Hier wirkt noch sehr merklich die Erinnerung an das Erlebnis oberrheinischer Kunst fort: Nikolaus Gerhaerts Trierer Madonna aus Wasserliesch gehört offenbar zu den nächsten künstlerischen Verwandten dieser Gottesmutter des jungen Til.

Man muß diesen uns sichtbaren Anfang, die geradezu bravouröse Beherrschung des Üblichen kennen, um ganz zu begreifen, wie rasch der Künstler von hier zu völliger Selbstständigkeit des eigenen Wesens und zu einsamer, alles hinter sich lassender Höhe mühelos emporsteigt, auf der er, durch die Jahrzehnte sich nur wenig wandelnd, bleibt.

30

23

Manches Frühwerk glaubt man noch erkannt zu haben, manches mag noch unerkannt oder schon längst verloren sein: Der wirkliche Til Riemenschneider tritt, wie Veit Stoß 1477 in Krakau, als Vollendeter ans Licht.

Der mit Malereien und Skulpturen geschmückte, von hochrankendem „Gespreng" gekrönte Flügelaltar war das wesentliche Schmuckstück aller Kirchen am Ausgang des Mittelalters. Die Blütezeit der spätgotischen Bildhauerei und Malerei brachte eine Auftragsfülle ohnegleichen mit sich – in Nürnberg wurden allein in den beiden Jahren 1490/91 über 23 Schreinaltäre aufgestellt! Veit Stoß, Michael Pacher, Gregor Erhart, der Kefermarkter und unzählige andere deutsche Meister haben in solch umfangreichen Altarwerken damals ihr Bestes gegeben.

Der früheste nachweisbare Auftrag für Riemenschneider galt einem Hochaltar der Pfarrkirche St. Magdalena im Rhönstädtchen Münnerstadt, der ihm 1490 übertragen wurde. Der junge Würzburger Meister begann, als in Stockholm eben Bernt Notkes riesige St. Georgsgruppe, das Hauptwerk norddeutscher Spätgotik, aufgestellt wurde. Dem Vertragsabschluß für solche großen Altarschreine wurde immer eine Zeichnung, die sogenannte „Visierung", zugrunde gelegt. Obwohl von Riemenschneider – im Gegensatz etwa zu Veit Stoß – solche Entwürfe nicht erhalten sind, darf man annehmen, daß er sie selbst fertigte; eine leicht hingeworfene Skizze auf dem Flügel des Windsheimer Altars verrät, daß er jedenfalls des Entwerfens durchaus fähig war, das sonst oft auch zur Aufgabe der Maler wurde und es durch die Jahrhunderte blieb. Die Tatsache, daß er 1506 seinen Ratskollegen in der Sitzung rasch die Wappenverteilung auf dem geplanten Prunktisch mit Kreide skizzierte, läßt darauf schließen, daß er leicht und gern zeichnete.

1492 war das Werk für Münnerstadt vollendet. Leider hat man den mit Figuren reich ausgestatteten Altaraufsatz schon in der Barockzeit verändert, dann 1831 vollends auseinandergerissen, vieles verkauft und den Rest, der jüngsthin eine neue und glücklichere Aufstellung erlebte, damals zu einem sinnlosen Altarwerk zusammengefügt. Das Hauptstück dieses
1, 3 Magdalenenaltars war die auffahrende Gestalt der Heiligen inmitten sechs schwebender Engel:
2, 12 ihr zur Seite standen die Hl. Elisabeth und der Hl. Kilian, die in unseren Tagen wieder von störender Übermalung aus barocker Zeit befreit wurden. Die Flügel des Schreins sollten auf vier Reliefs weitere Szenen aus dem Leben der Kirchenpatronin zeigen, während im „Sarg" des Altars, gleich über dem Altartisch, die vier Evangelisten Platz finden mußten. Im Rankenwerk des Aufbaus erschien hoch über dem Schrein der „Gnadenstuhl", die Hl. Dreifaltigkeit mit dem sitzenden Gottvater zwischen Maria und Johannes in je einem Gehäuse, ganz oben endlich der Täufer Johannes inmitten des ausklingenden Gesprengs. Dieses prächtige Werk mußte einst in dem mit bunten Fenstern geschmückten Chor den festlichsten Eindruck gemacht haben.

Die in der Wüste lebende große Büßerin, in deren Gestalt drei Frauen des Neuen Testaments
1 legendär verschmolzen sind, wird, wie es der Meister E.S. schon ganz ähnlich dargestellt hatte, von einer Engelschar emporgetragen, um den himmlischen Gesang zu vernehmen; er dient ihr – so berichtet es die Legende – zur täglichen Nahrung. Riemenschneider hat aus der Büßerin im verhüllenden rauhen Gewande, wie sie im Vertrag ausbedungen war, nun eine pelzumwachsene, märchenartige Gestalt von großen Liebreiz gemacht, wie sie etwa auf den romantischen Waldbildern Altdorfers erscheinen könnte. Das still entrückte Beten inmitten der flatternden und tragenden Engelschar gibt den Eindruck des Schwebens auf die natürlichste und zarteste Weise. In diesen kleinen Engeln lebt noch viel von Schongauers graphischer Zierlichkeit, aber
3 Magdalena selbst zeigt mehr: eine neu empfundene, innige Frömmigkeit.

Ganz neu ist auch der Verzicht Riemenschneiders auf Farbe und Gold, ohne die ja die Figurenscharen der Altäre bisher undenkbar waren. Dieser Verzicht auf laute Wirkung wird wettgemacht durch eine ganz außerordentliche Verfeinerung der Schnitzarbeit, die nun die leisesten Regungen der Oberfläche geben kann, ja, geradezu das atmende Auf und Ab der lebendigen Haut ahnen läßt, während bisher Kreidegrund und Farbschicht, dazu oft noch ein Leinenüberzug unter diesen beiden, die geschnitzten Oberflächen überall ganz verdeckten und dick überzogen. Deshalb war die Arbeit der Bildschnitzer bisher auch darauf abgestellt, daß sie erst durch farbige Fassung ihren Abschluß erfuhr. Die Gestalt ist nicht für seitliche Ansicht bestimmt; wenn sie gelegentlich doch im Bilde so gebracht wird, dann deshalb, um an der rückwärigen Haarpartie die nur erst angelegten, aber nicht fertiggearbeiteten Locken als interessanten Rest aus dem Werdegang in der Werkstatt sichtbar zu machen.

Diese Neuerung des Meisters – ein Verzicht auf die herkömmliche grundierte bunte Fassung – hat ihren Sinn in dem Hervorbrechen eines ganz veränderten, modernen Flächen- und Materialgefühls, war aber für die kleine Rhönstadt doch zu revolutionär, so daß man zehn Jahre später den ganzen Altar farbig fassen ließ, als die Außenseiten der Flügel mit Szenen der Kilianslegende bemalt werden sollten. Dieses Fassen, also das Bemalen der Figuren, war damals ebenso wichtig und meist so teuer wie die Schnitzarbeit selbst. Veit Stoß, der große Nürnberger Bildhauer, der, eben zu der Zeit aus der Reichsstadt verbannt, in Münnerstadt weilte und ja, im Gegensatz zu Riemenschneider, nicht nur Bildschnitzer, sondern auch Maler war, also auch seine Schnitzwerke selbst fassen durfte, erhielt diese Arbeit übertragen. Diese Fassung und spätere Neufassungen wurden teils schon im 19. Jahrhundert, teils erst seit 1953 nach und nach wieder entfernt, so daß die Plastiken – die in die Museen verbrachten, wie die in der Kirche verbliebenen – heute wieder im Ton des nur mit schützender und leicht tönender Lasur übergangenen Lindenholzes erscheinen, ohne daß man dabei von Fassung im üblichen Sinne reden könnte, deren wesentliche Bestandteile ein deckender Kreidegrund und eine dichte Schicht von bunten Farben und Gold war.

Die vier Evangelisten in der Predalla, jenem zwischen Schrein und Tisch vermittelnden Teil des Altares, den man auch den „Sarg" nannte, waren gewiß jene vier, die nach langer Irrfahrt schließlich in das Berliner Museum gekommen sind: zwei Doppelgruppen von Sitzfiguren, 8 – 12 einst in vier Nischen untergebracht und deshalb nicht vollplastisch, sondern mehr reliefartig gestaltet. Riemenschneider hat das ihm gestellte Thema nicht nur äußerlich-dekorativ, sondern vor allem in seinem inneren Gehalt ausgedeutet; er hat das Erleben des göttlichen Wortes dargestellt, wie es in dem Antlitz eines jeden Evangelisten sich spiegelt. Es sind einfache, fromme und gütige Gestalten, die sich ohne Überheblichkeit in stiller Demut der Offenbarung hingeben. Ihrem Wesen fehlt das Dramatische ganz; es fehlt ihnen das Pathos und auch das Monumentale – sie leben in der Stille als volkstümliche Gestalten: der lebhafte Matthäus, der sinnende Lukas – Riemenschneiders Zunftpatron – das Gelesene in seinem Herzen bewegend, der in das Studium der Schriften vertiefte Markus und der himmlische Visionen deutende Johannes.

Von malerischem, besser noch: geradezu graphischem Reiz sind die so sensibel gearbeiteten Reliefs des Münnerstädter Altars: das „Noli me tangere", da Christus am Ostermorgen der 4,5 Hl. Magdalena erscheint, und die Begegnung Christi mit der Ehebrecherin beim Gastmahl im Hause des Simon, im Besitz der Museen in Berlin und München, galten längst als eigenhändig; die beiden in Münnerstadt verbliebenen Reliefs mit der letzten Kommunion und dem Begräbnis

6, 7 der Hl. Magdalena, die bisher durch spätere Übermalungen entstellt waren und in ihrer Qualität verkannt wurden, haben sich nach der kürzlichen Freilegung als den anderen Reliefs ebenbürtige eigenhändige Arbeiten von größter Feinheit erwiesen. Riemenschneider hat die Begegnung im Garten in augenfälliger Anlehnung an einen Stich Schongauers komponiert, wie denn ja Anlehnungen oder auch genaue Übernahmen damals überall gebräuchlich waren, und solche Kupferstiche, als Musterblätter bestimmt, zum eisernen Bestande jeder Werkstatt gehörten. Aber Riemenschneider ändert viel und wesentlich an der Komposition: er schließt den Hintergrund und hält den Blick im Vordergrunde fest, der Begegnung Christi mit Magdalena, über ein beiläufiges Treffen hinaus, noch mehr Nachdruck verleihend. Bei Schongauer sind Salbgefäß und beide Hände genau übereinander dargestellt, Riemenschneider betont das „Rühr mich nicht an", indem er eben noch ein Überschneiden der Fingerspitzen vermeidet. Auch Magdalenas Gewand reicht mit keinem Zipfel mehr über diese Linie hinaus, während es bei Schongauer noch hinüberfließt. Die große Ohrenfalte, das Charakteristikum der fränkischen Spätgotik, unterstreicht in ihrem Auflodern voll ornamentaler Freude die Geste Christi deutlich.

Läßt sich Riemenschneiders niederdeutsche Abstammung nun eigentlich aus den frühen Werken noch erschließen? Offenbar hatte die Wanderschaft in Schwaben ihm mehr mitgegeben als vielleicht norddeutsche Lehrjahre; er denkt in vielem, etwa den großfigurigen Altären, im Gegensatz zu den kleinteiligen Schreinen des Nordens, bereits ganz oberdeutsch. Aber man muß doch annehmen, daß ihm die Weiterbildung und Vertiefung des Erwanderten, die seelische Ausdeutung, wohl nur durch seine Herkunft möglich war.

Bis auf zwei Figuren, Johannes den Täufer und eine Maria mit Kind, die heute noch in 14, 15 Haßfurts Pfarrkirche stehen, sind zwei frühe Altäre verschollen. Leider ist auch der Kreuzaltar verloren, den die Reichsstadt Windsheim im Jahr 1494 Riemenschneider übertrug; er könnte, im Aufbau mit Schrein und Flügeln dem Münnerstädter ähnlich, über Wesen und Werk des Meisters der Frühzeit noch mehr aussagen. Auch der Marienaltar, den die Reichsstadt Rothenburg o. T. 1496 bestellte, ist untergegangen. Aus einem anderen verlorenen Altar 24 – 27 blieben zwölf sitzende Apostel erhalten. Zu sechs Paaren gruppiert, sind sie teils im Gespräch, teils in Betrachtung vertieft. Sie sind energischer als die Münnerstädter Evangelisten, in der Haltung reicher an überraschenden Effekten, komplizierter in ihren bewegten Sitzmotiven, teilen aber nicht mehr ganz deren seelische Tiefe. Das Zuhören, Überlegen und Reden ist lebhafter geworden und gewandter. Bezaubernd in ihrer geradezu musikalischen Feinheit die Geste der geöffneten Hand des Apostels Thomas, die ihr Attribut verloren hat. Auch von einem frühen Altar in Grosslangheim am Steigerwald blieben nur Einzelfiguren übrig.

★

1491 gaben die Würzburger Stadtväter dem Meister, bei dem damals auch der begabte Peter Breuer aus Sachsen in einer im Verlauf der Jahre stattlich anschwellenden Reihe von Gesellen stand, ihren ersten bedeutenden Auftrag – es war der wichtigste, den sie in jener Generation zu vergeben hatten, und zugleich der letzte große im Bereich der mittelalterlichen Bauplastik Frankens überhaupt. Das Südportal der Marienkapelle, der 1377 begonnenen Bürgerkirche am Markt, sollte aufs neue mit den Gestalten des ersten Menschenpaares geschmückt werden, offenbar doch, weil die wohl gegen 1430, also vor bald zwei Generationen geschaffenen Figuren nicht mehr gefielen, denn sie mußten entfernt und im Innern der Kirche aufgestellt werden. Von dem ersten Menschenpaar der Stauferzeit am Bamberger Dom über das Paar aus der Mitte des 14. Jahrhunderts am Hauptportal von St. Lorenz in Nürnberg bis hin zu jenem in Coburg und Rothenburg o.T. aus dem 15. Jahrhundert ist das Motiv immer wieder aufgegriffen worden. „Zierlich und meisterlich" sollten die neuen Würzburger Gestalten nun gemeißelt und Adam – dreifingerbreit höher als Riemenschneider selbst – sollte, wie noch auf des Meisters Vorschlag ausdrücklich beschlossen wurde, entgegen dem bisherigen Brauche, ohne Bart dargestellt werden. So entstanden – nun in der Werkstatt des Künstlers in der stillen Franziskanergasse zu Würzburg, und nicht mehr im Rahmen der Bauhütte – diese letzten ragenden Zeugen der großen, mittelalterlichen Kunstgesinnung. 1493 war das Würzburger Paar vollendet, als letztes in einer Reihe, die mit dem Menschenpaar der Bamberger Adamspforte zweieinhalb Jahrhunderte zuvor begonnen hatte. Die frühlingshafte Zartheit der Gestalten an Würzburgs spätgotischer Bürgerkirche ist das Zeugnis ihrer ebenbürtigen Abstammung von den Ahnen an der kaiserlichen Kathedrale des hohen Mittelalters.

Ganz anders als etwa Antonio Rizzos drei Jahrzehnte älterer, vom Erlebnis plastischen Empfindens gestalteter und selbstbewußter Adam am Dogenpalast in Venedig oder Michelangelos zehn Jahre jüngerer, riesiger David in Florenz, tritt Riemenschneiders Adam, von der Empfindlichkeit des linienhaft gebundenen Umrisses gebannt, nachdenklich und fast zaghaft, im schuldhaften Bewußtwerden des Nacktseins, mit einem unentschlossenen Schreitmotiv einsam in die Welt hinaus, während Eva sich mit gelassener Sicherheit gibt; sie ist sich ihrer Jugend wohl bewußt, die durch Gegenwart allein schon zu bezaubern versteht. Den beiden lebensgroßen Gestalten eignet vollkommene Schönheit im Sinne der Spätgotik, dem schmalhüftigen, schlanken Jüngling wie der Jungfrau mit den schmalen Schultern, den kleinen Brüsten und dem leicht vorgewölbten Leib. Dabei ist Riemenschneiders Frauenideal aber noch – anders als das Lukas Cranachs – ganz eingehüllt in das keusche Gewand der Tugend. 17 17

Die schwere Lockenpracht, die das Antlitz Adams rahmt, verleiht der ganzen Gestalt eine ernste Feierlichkeit. Dieser Jüngling erweckt sofort die vollste Anteilnahme des Betrachters; ein klein wenig Mitleid, oder doch wenigstens Mitfühlen, ergreift ihn für diesen werdenden Mann, der nun, langsam erwachend, kein glücklicher Paradiesbewohner mehr ist, sondern ein Wissender, den die Fülle und Gefahr neuen Erkennens eher bedrückt als beglückt. Man wird dieser Gestalt im Werke des Meisters, besonders in den Johannes-Darstellungen, durch die Jahrzehnte verwandelt, immer wieder begegnen. 18

Eva, mit hoher Stirn und schmaler, langer Nase, mit kleinem Mund und einem Grübchen im Kinn, steht in locker herabwallendem Haar voller Anmut und blickt unbefangen, ja selbstsicher und mit ganz leichtem Anflug von Schalkhaftigkeit in die Welt; sorgloser als ihr ernster Gefährte ist diese jugendliche Urmutter des Menschengeschlechts. Gewiß sind sie in ihrer Gegensätzlichkeit symbolhaft und voll tieferer Bedeutung gemeint, der gedankenvoll sinnende Mann und die intuitiv fühlende Frau, die kantige Gestalt Adams und der weich, in schwellender Fülle gebildete Leib Evas. Riemenschneider gibt hier einen neuen Begriff von Persönlichkeit und schicksalvollem Eigenleben seinen Gestalten, wie er der älteren Bildhauergeneration und auch der zeitgenössischen Graphik noch fremd geblieben war – diese Beiden sind wirklich aus den Fesseln des Mittelalters herausgetreten! Mit diesem Menschenpaar am Aufgang der Neuzeit – entstanden eben in den Monaten, da Columbus auf dem Wege war, Amerika zu entdecken – hat der Meister etwas Endgültiges geschaffen: seine Gestalten sind der späten Nachwelt zum 19

Inbegriff nicht nur des Menschenbildes, sondern auch des Persönlichkeitsbildes jener Zeitenwende und ihres Ringens geworden.

Die Vergegenwärtigung des alten Platzes dieser Figuren am Kirchenportal, wo sie 1893 entfernt und seit 1975 als naturgetreue Sandsteinkopien wieder zu sehen sind, gehört zum Verständnis des Werkes; die architektonische Einbindung, der die Gestalten bedürfen, ist, wie schon seit 1931 im alten Museum, auch bei der Neuaufstellung im Mainfränkischen Museum auf der Würzburger Festung 1947 wieder angedeutet worden.

Riemenschneider erhielt noch während der Arbeit, die ihm die ausdrückliche Anerkennung der Stadtväter einbrachte, weitere Aufträge für die Marienkapelle im Sinne des ursprünglichen dekorativen Programms. 100 Gulden und 20 Gulden obendrein erhielt der Meister 1493 von der Stadt Würzburg für Adam und Eva; fast ebensoviel – 100 Gulden und 12 Gulden zur Verehrung – bekam Dürer 1526 für seine vier Apostel von der Stadt Nürnberg: einen Betrag von ca. 30000 DM nach heutiger Kaufkraft des Geldes. Es galt die Strebepfeiler am Chore, auf der West- und auf der Südseite der Kirche, mit vierzehn Figuren nämlich den zwölf Aposteln samt Christus und dem Täufer Johannes, zu schmücken. Erst um die Jahrhundertwende machte er sich daran und brauchte noch über ein halbes Jahrzehnt dazu. Auch diese 1506/07 aufgestellten Statuen sind längst vor den zerstörenden Unbilden der Witterung geborgen; vier Originale befinden sich im Dom, neun kamen in das Museum; von diesen letzteren konnten zunächst sechs nach mühseliger Bergungsarbeit aus der Ruine des alten Museums und Beseitigung der Schäden des Jahres 1945 wiederhergestellt werden; drei schon sehr stark verwittert gewesene Statuen sind durch den Krieg noch zusätzlich so beschädigt worden, daß sie nach einer andeutenden Ergänzung und Restaurierung erst jetzt aufgestellt wurden. Inzwischen ist die ganze Folge der 14 Gestalten, durch Steingußkopien von 1976–1981 – meist Bürgerstiftungen – ergänzt, wieder am alten Platze in den Nischen der Kapelle zu sehen.

Riemenschneider hat hier bei der Ausarbeitung der großen Gewandpartien seinen Gesellen viel Arbeit überlassen, aber die prachtvollen Charakterköpfe sind sein Werk; solche „Arbeitsteilung" war durchaus üblich und schließlich auch der einzige Ausweg, wenn es galt viele große Aufträge gleichzeitig zu bewältigen. Wie so oft, hat der Meister auch hier auf vollplastische Formen gern verzichtet und mehr im Stile des flächigeren Hochreliefs komponiert. Der hagere Paulus, der auch andernorts öfter – statt des Jüngers Matthias, den die Apostel sich ja für Judas Ischariot in ihren Kreis gewählt hatten – in die Apostelreihe aufgenommen erscheint, verrät in seinem energischen Antlitz den Feuergeist des Glaubensboten, und der beleibte Philippus – kein Luther-Porträt! – strahlt die warme Güte des begnadeten Seelsorgers aus. Riemenschneider behält hier Matthias in seiner Apostelreihe, verzichtet dafür aber auf Matthäus, obwohl dieser zur ursprünglichen Apostelfolge gehört. Ein Schüler des Meisters hat in Erinnerung an diese Statuen später die Apostelfolge des Magdeburger Domes geschaffen.

★

Riemenschneider hatte eben die Mitte der Dreißig erreicht, als ihm 1496 der ehrenvollste Auftrag zufiel, der am fürstbischöflichen Hofe in Würzburg überhaupt zu vergeben war: das traditionelle Bischofsmonument, also jetzt das Grabmal des 1495 im höchsten Greisenalter verstorbenen Fürstbischofs Rudolf von Scherenberg. Im folgenden Jahre, als Adam Kraft eben sein Sakramentshaus für St. Lorenz zu Nürnberg vollendet hatte, begann der Meister seine Arbeit.

20

21

Farbtafel
n. S. 24

Grabmal des Fürstbischofs Rudolf von Scherenberg im Dom zu Würzburg

Aus dem köstlichen, rotgefleckten Untersberger Marmor sollte die lebensgroße, stehende Gestalt gearbeitet werden, und ein Rahmen samt Sockel und Baldachin aus heimischem Sandstein sie umgeben. Das Grabmal setzte jene stolze Reihe fort, die, in der Stauferzeit 34 beginnend und bis in das 19. Jahrhundert fortreichend, den Würzburger Dom zu einer Herrschergalerie gemacht hatte, wie sie sonst nur noch der Mainzer Dom aufweisen kann.

Man tut dem Künstler keinen Abbruch, wenn man feststellt, daß der Typ des Grabmals durchaus von den älteren Denkmälern übernommen ist; das war wohl ohnehin im Auftrag ausbedungen worden. Wesentlicher ist es zu überlegen, was er daraus zu machen wußte, und es wäre auch Nikolaus Gerhaerts in Passau begonnenes Grabmal für Kaiser Friedrich III. in Wien und Veit Stoßens Krakauer Königsgrab von 1492 unter den künstlerischen Ahnen zu nennen. Das prunkvolle Gehäuse entfaltet im kostbaren, farbigen Stein allen dekorativen Pomp der Maximilianszeit, und sein fürstlicher Baldachin steigt wie ein Sakramentarium empor. Die ehrwürdige Bischofsgestalt darunter tritt nicht frei heraus, sondern haftet fest an der Marmorplatte; es scheint, als sei der Körper, gegenüber den fülligen Leibern der kraftstrotzenden Vorgänger, bis auf einen graphischen Rest geradezu aufgezehrt.

So wenig imposant im rein körperlichen Sinne dieser Fürstbischof erscheint, so sehr wirkt die geistige Potenz, der intensive Eindruck der Persönlichkeit. Diese Greisengestalt gehört in der Tat zu den unvergeßlichen Erlebnissen mittelalterlicher Kunst überhaupt. Scherenbergs Grabmal ist ein Höhepunkt im Werk Riemenschneiders und ist gleichzeitig ein Gipfel in der Entwicklung der gesamten Grabmalkunst geworden.

Rund herum überwuchert dekoratives Beiwerk den pompösen Rahmen; Wappenschilde, Engel und Löwen fehlen nicht; auch das spätgotische Linienspiel der Gewänder ist zu letzter Eleganz verfeinert – aber diese ganz dekorative Pracht rahmt einen leeren Grund, aus dem dann der Kopf als eigentlicher Mittelpunkt des ganzen Denkmals um so eindringlicher herauswächst. Dieses in über neun Jahrzehnten ausgedörrte, lederharte Antlitz mit den strichdünnen Lippen 36 überstrahlt das ganze Werk im wörtlichen Sinne. Das Menschliche ist auch hier wieder das unerhört Große und Neue an Riemenschneiders Kunst. Der Geist ist es, der die fast ausgezehrte Hülle am Leben hält, und der Tod konnte diesen Herrscher gewiß nicht mehr schrecken. Müde zwar von der Bürde des Hirtenamtes, das Scherenberg mit 65 Jahren noch auf ein Menschenalter übernahm, aber unbeirrt und ungetrübt blickt dieses Greisenhaupt von der Schwelle des Grabes auf fast ein Jahrhundert Erdenlebens zurück.

So liebevoll, ja genau, alles in diesem nachdenklich und betrachtend ganz leicht geneigten Antlitz beobachtet ist, die Fältchen der Haut, die schmalen Lippen über dem eingefallenen, zahnlosen Mund, die schrägen Augen – so ist es doch nicht nur als brillantes Porträt voll naturalistischer Effekte zwischen den flackernden Flächen des rötlichen Marmors gegeben, sondern Riemenschneider hat hier nun ein Charakterbild, geradezu eine steinerne Landschaft gestaltet; dieses Gesicht ist wie ein Gebirge gefaltet. Der Meister hat die wirklichen Züge des fünfundneunzigjährigen Bischofs, die ihm vertraut waren, die als Typus im Münnerstädter Lukas vorgebildet sind und später im Kilian des Domhochaltars wiederkehren, vergeistigt und 78 in die zeitlose Höhe eines idealen Greisenkopfes gesteigert.

Drei Generationen waren an dem wetterharten Gesicht Scherenbergs vorübergezogen, und man spürt aus Riemenschneiders Werk, daß der Bischof die Zeit genützt und bezwungen hatte, und daß sein Antlitz wohl würdig war, nun über das Porträt hinaus die Spätgotik schlechthin für die Nachwelt zu repräsentieren. Wie Schaumbergs Grabstein ein Denkmal des Ritterstandes 32 insgesamt geworden ist, so war es Riemenschneider hier nun vergönnt, in dem letzten gotischen Bischof und dem letzten mittelalterlichen Herrscher mit der Person auch den Stand zu verewigen, und es mag mehr als ein Zufall sein, daß Fürstbischof Scherenberg auch der Letzte seines Geschlechts war.

Wenige Wochen vor dem Tode des Bischofs war der Nürnberger Arzt Hieronymus Münzer, ein Mitarbeiter an Schedels berühmter Weltchronik, auf der Durchreise nach Würzburg gekommen; er besuchte den greisen Regenten auf dem Marienberg und wurde zum Ostermahl an die bischöfliche Tafel geladen. Scherenberg hat dem Gelehrten danach in vielstündiger Unterhaltung von seiner schweren Jugend und der drückenden Armut erzählt, dann von seiner Arbeit zur Rettung des völlig verschuldeten Bistums und anderen Werken für das Hochstift, die sein Greisenalter ausfüllten. „Er war ein verehrungswürdiger Mann, ein hervorragender Haushälter und eine Ehrfurcht gebietende Erscheinung" – das hat Münzer sich über diesen großen Kirchenfürsten an der Schwelle des Grabes notiert, und aus den kurzen Worten des Zeitgenossen klingt heraus, was Riemenschneider durch seine Kunst der Nachwelt sichtbar machen wollte.

Das Grabmal ist beim Wiederaufbau des Domes nach dem letzten Krieg vom alten Platz auf der Südseite des Langhauses entfernt und 1963 auf der Nordseite wiederaufgestellt worden. Durch sorgfältige Restaurierungsarbeit ist die originale zarte farbige Fassung weithin wieder sichtbar geworden, die aufs Feinste mit dem lebhaft gefleckten Marmor zusammengeht.

Die Grabmalkunst hatte der gotischen Plastik durch die Jahrhunderte eine Fülle lohnender Aufgaben gestellt, und so war natürlich auch Riemenschneider mit ihr immer wieder und vielfach beschäftigt. Für die Künstler der Renaissance aber wurden diese Aufträge ja zur Hauptsache, als die Bestellungen für Altäre bald versiegten. Riemenschneider hatte schon in den späten achtziger Jahren den wahrscheinlich ersten Auftrag dieser Art für das Rittergrab im
30 Rimpar erhalten, das 1970 wieder eine würdige Aufstellung in der Turmkapelle gefunden hat, denn die Grumbachsche Grabkapelle mit vierzehn Grabmälern war 1849 zerstört worden. Nach dem Bilschofsstein folgte um die Jahrhundertwende der Stein für Konrad von Schaumberg in der Würzburger Marienkapelle; wenig später entstanden das empfindsame Denkmal der
33 zierlichen Gräfin Dorothea von Wertheim in Grünsfeld und der liebenswürdige Grabstein der
31 bescheidenen Elisabeth von Stiebar in Buttenheim; der Stein ihres Mannes dort, der seiner Frau im Jahre 1507 nach drei Wochen im Tode gefolgt war, ist von Schülerhand gefertigt.

32 Dieser Schaumberg ist mit dem Adam an der Kapellenpforte „verwandt", aber er ist kein Jüngling mehr, wie man gelegentlich meint, sondern schon ein alternder Mann, der dahingerafft wurde in der Fülle der Jahre. Man ahnt vor diesem Monument das herbe Schicksal des Verewigten, auch ohne die Inschrift des Grabsteines gelesen zu haben. Fern der Heimat starb der fränkische Edelmann im Jahre 1499 auf dem Meere, als er von einer Wallfahrt ins Heilige Land zurückkehrte. Ein Hauch von Wehmut und Sehnsucht umweht diese zierliche Gestalt mit dem lockenumwallten Haupt. Alles andere denn ein Haudegen, erscheint Schaumberg geradezu als der „letzte Ritter" des Mittelalters, ein Zeitgenosse Kaiser Maximilians. Es ist nicht nur das Denkmal einer Persönlichkeit, eines Sechzigers, der durch Jahrzehnte das Hofmarschallamt unter Bischof Scherenberg bekleidet hatte. Das schwere lockenumrahmte Haupt erscheint als Stimmungsträger, und das persönliche Schicksal Schaumbergs wird hier, zugleich mit dem seines ganzen Standes, in den letzten Herbsttagen des Mittelalters verewigt.

Dem Grabmal fehlt heute der Sockel, so daß es viel zu tief steht und die Inschriftplatte zu schwer auf der Figur lastet. Beim Stadtbrande 1945 ist der häßliche Ölfarbenanstrich des letzten und vorletzten Jahrhunderts abgeblättert, und der Kopf zeigt sich nun endlich in seiner vollen Schönheit. Der Ritter tritt, die Rüstung mit zierlicher Eleganz tragend, im lebendigsten Umriß gestaltet, aus dem glatten Steingrunde heraus. Riemenschneider trennt sich dabei ganz entschieden von jener wildbewegten Manier, die durch Drehen, Wenden und Verflechten der Bewegungen so gern die Form verwirrte. Das war seinem Wesen fremd; natürlicher Aufbau mit leichter s-förmiger Drehung der Gestalt in Fläche und Tiefe, gelassene Haltung ohne übersteigerte Zierlichkeit war hier seine Absicht.

Dafür tritt dem Beschauer wieder eine ganz neue seelische Stimmung, eine geläuterte Empfindungswelt entgegen. Der Meister versucht dieses Anliegen: etwas Neues zu geben, noch ganz aus dem Überkommenen heraus zu entwickeln und ohne Anregung von außen her; es ist sein persönlicher, ihm eigen gebliebener Versuch, das Verspielte und Überfeinerte der spätgotischen Formenwelt auf die Darstellung tieferer menschlicher Werte umzulenlenken: ein fruchtbarer Versuch des Künstlers, für seinen Teil den Aufbruch des neuen Jahrhunderts zu begrüßen.

Ganz aus dem Geiste des Schaumbergsteins hat Riemenschneider die Grabmäler zweier Frauen gestaltet. Mit aller, ihrem fürstlichen Herkommen und Stande gebührenden Vornehmheit betet die wohl 1503 verstorbene Gräfin Dorothea von Wertheim auf dem Denkmal, das 33 vermutlich über ihren Bruder, den Würzburger Domherrn Graf von Rieneck beim Bildhauer bestellt wurde. Sie steht nicht aufrecht, wie der Ritter, sondern kniet ein wenig im weitausschwingenden Gewande, auf den nahen Altar blickend, im lieblichen Profil und voll zierlicher Anmut in Haltung und Gebäude; das von Haube und Schleier gerahmte Antlitz steht wieder wirkungsvoll vor leerem Grunde, nur fehlt jetzt der krönende Abschluß darüber.

Verhaltener, etwas schüchterner, erscheint die 1507 verstorbene Rittersfrau Elisabeth Stiebar 31 von Buttenheim, die Tochter Eberhards von Grumbach, dem Riemenschneider schon den Grabstein gemeißelt hatte, auf ihrem Grabmal zu Buttenheim nächst Forchheim, verklärt von der Milde und dem Liebreiz aller Frauengestalten Riemenschneiders.

★

In die Jahrhundertwende fiel der ansehnlichste Auftrag, der den Künstler während seines langjährigen Schaffens erreicht hat; das frommer Wallfahrt dienende Kaisergrab im Bamberger Dom. Anerkennung lag schon darin, daß die Domherren diese Arbeit nicht nach Nürnberg gaben, obwohl ja auch Veit Stoß seit 1496 wieder dort war. 1499 trug man ihm, dem Bildschnitzer von Würzburg, der nun die Vierzig erreicht hatte und dessen Ruf also fest begründet war im Frankenlande, dieses Prunkgrab für die Bistumsstifter, das hl. Kaiserpaar Heinrich II. und Kunigunde an; 1513 erst wurde das Werk vollendet und aufgestellt, einst im hohen Chore und später im Langhaus des Domes, zu Füßen des Reiters. Kürzlich hat es vor den Stufen des Ostchores seinen neuen Platz gefunden. Ob es ursprünglich unter einem gotischen Baldachin stand? Man wählte als Material den Solnhofer Marmor und als Form die Tumba, 38 jenen feierlich dekorativen Aufbau, dessen offenkundiger Nachteil allerdings immer ist, daß die Deckplatte mit den lebensgroßen Figuren nur im Profil gesehen werden kann. Das gilt heute, wo das Grabmal auf einer zusätzlichen Sockelplatte steht, noch mehr als früher schon. Das

40 aufgebahrt liegende Kaiserpaar ist für den Betrachter teilweise verloren, was freilich die mittelalterlichen Menschen, Künstler, wie Auftraggeber und Betrachter, wenig gestört hat; denn das Werk war ja nur zur Verehrung der Heiligen geschaffen und trug seinen Wert in sich selbst.

39 Anders die Seitenwände dieses Hochgrabes, welche, als eine Art monumentalen Bilderbuches, Szenen der Legende aufnahmen, erzählende Reliefs, die den frommen Pilger mit dem wunderreichen Leben der Heiligen bekanntmachen sollten. Mit jener liebenswerten Unbekümmertheit, die allen Künstlern bis zum Ende des Rokoko in historischen und Kostümfragen eigen war, hat der Meister das Kaiserpaar des 11. Jahrhunderts in der Tracht der Spätgotik erscheinen lassen, und überhaupt das Grab zu einem Wallfahrtsziel gemacht, das mehr schlichte Frömmigkeit als kaiserlichen Prunk atmet.

Damals wurde auch in Nürnberg an einem Prunkgrab für einen fränkischen Heiligen gearbeitet: Peter Vischer war seit 1508 wieder am Sebaldusgrab tätig, dessen Eiszapfenwunder nun schon mehr von klassischer Klarheit im Sinne der Renaissance geprägt ist, während der Würzburger Meister noch in der Atmosphäre des Mittelalters lebt.

In einem stillen Ernst, volkstümlich und leicht verständlich, folgen sich hier um die Tumba
39 herum fünf Erzählungen. Zwei auf der Nordseite aus dem Leben Kunigundens: Die Entlöh-
38, 42, 44 nung der Arbeiter und die Feuerprobe. Zwei auf der Südseite aus dem Leben des Kaisers: der
43 Traum mit dem Hl. Michael als Seelenwäger und die Steinheilung, und schließlich an der einen
Schmalseite der Tod des Kaisers. Es sind keine großen, weltbewegenden Taten, keine politischen Ereignisse, sondern wundersame Begebenheiten, wie sie, von der Legende festgehalten, im Volke weiterleben und erzählt wurden, etwa:

41 Der Kaiser liegt unbekleidet, wie es im Mittelalter für jedermann üblich war, zu Bett, nur die Krone als Abzeichen seiner Würde hat ihm der Künstler gegeben. Auf der Bank neben dem Krankenlager sitzt der Arzt, eingeschlafen vor Nachtwachen und Ratlosigkeit, ein Symbol menschlichen Unvermögens, „versonnen wartend, daß der Himmel helfe" (Stefan George). Da tritt lautlos der hl. Benedikt hinzu; in der einen Hand hält er noch das Messer, in der anderen den großen, mit raschen Schnitten eben entfernten Stein, den er dann dem Schlafenden in die Hand legen wird. Die stille Nachtstunde am Krankenbett und das wundersame Wirken des
42 großen Ordensheiligen, seine hilfreiche Güte wie die rührende Hilflosigkeit des Arztes, hat Riemenschneider mit spannender Eindringlichkeit geschildert.

44, 45 Auf dem benachbarten Relief ist ein Traum des Kaisers dargestellt: St. Michael, Schwert und Waage haltend und in ganzer Größe die Tafel zur Hälfte füllend, prüft als Seelenwäger die guten und die schlechten Werke des im Hintergrund bescheiden abseits betenden Herrschers; drei Teufelchen versuchen mit aller Gewalt ihre Waagschale in die Tiefe zu ziehen, da tritt des Kaisers Schutzpatron St. Laurentius hinzu und legt als Sinnbild aller frommen Taten einen Meßkelch in die andere Schale, indem er auf seinen Schützling weist; so sinkt die Schale mit den guten Werken zugunsten Heinrichs.

39, 46 Das Relief des „Schüsselwunders" der Kaiserin hält eine Begebenheit fest, welche die Legende vom Bau der Bamberger Stephanskirche überliefert hat. Die Arbeiter sind mit ihrem Lohn unzufrieden und kommen mit ihrem Werkzeug nach der Arbeit zur kaiserlichen Bauherrin; sie hält die Schüssel mit dem einst in Gold aufgemalten Geld hin, und es ereignet sich, daß jeder nur soviel daraus entnehmen kann, als er durch seine Arbeit sich verdient hat.

28

Bildhauer an der Schnitzbank.
Aus einem Holzschnitt von Hans Burgkmair (1473–1531)

Das Nachbarrelief erzählt von dem Gottesurteil, das die Kaiserin anrief, als ein Höfling, der   39
ihr vergeblich nachgestellt hatte, sie dann der Untreue bezichtigte. Der Kaiser steht abwartend
beiseite, die Hände übereinander gelegt, um den Ausgang dieser Feuerprobe abzuwarten; der
Verleumder legt eine Hand beteuernd aufs Herz, indem er auf den Herrscher einredet. Die   47
Kaiserin aber geht ohne Beschwernis mit bloßen Füßen, den Rock zierlich angehoben, über die
rotglühenden Pflugscharen und beweist so ihre Unschuld.

★

Des Meisters Werkstatt schwoll in diesen arbeitsreichen Jahren an. Über ein Dutzend seiner
Gesellen sind mit Namen bekannt; sie kamen aus Lohr und Eibelstadt, aus Iphofen und
Mergentheim, von Haßfurt und Lauda, und trugen Tilmans Art dann später wieder aufs Land
hinaus. Auch aus Bayern und vom Rhein kamen Gehilfen. Ohne ihre Vorarbeiten und ihre
Mitarbeit konnte die Fülle der Aufträge nicht bewältigt werden.

Riemenschneiders Ansehen wuchs mit dem Bamberger Auftrag weiter: die Windsheimer, die
schon einen Kreuzaltar von ihm besaßen, bestellten 1499 noch eine Kreuzigungsgruppe für den
Chorbogen ihrer Kilianskirche. Vor allem das Taubertal füllte sich auf seine nur zehn Dutzend
Kilometer Länge mit Werken des Meisters und seiner Schule, wovon noch öfters zu reden ist.
Die verlorene Madonna aus einem schönen Altar der Werkstatt des Meisters in Schweinsdorf
bei Rothenburg steht seit 1922 im Museum in Budapest; des Schwäbisch-Haller Schülers Hans
Beuscher Altar zu Wettringen bei Rothenburg steht noch am alten Platze, die Dörfer Neusitz
und Insingen besitzen noch Kruzifixe, wohl als Reste von Kreuzigungsgruppen der Riemen-

schneider-Werkstatt. Im Jahre 1501 wandte sich die Reichsstadt Rothenburg ob der Tauber an den „Bildschnitzer von Würzburg", um ihm den Schmuck für Schrein und Flügel ihres Heiligblut-Altars zu übertragen. In der für Riemenschneiders Schaffenstempo kurzen Zeit von vier Jahren war die große Arbeit vollendet. Der Schrein allerdings und das ganze Gehäuse mit dem reichen Gespreng wurde von einem Rothenburger Schreinermeister hergestellt, aber nach Angaben und Wunsch des Bildhauers. Der Schreiner war ein Handwerker, und auch Riemenschneider galt als solcher in seiner Zeit, und so darf es nicht wunder nehmen, wenn beide ungefähr gleichen Lohn für ihre Arbeit erhielten.

Der Altar, war dem Blut Christi geweiht, von dem eine Reliquie hoch über dem Gehäuse im Gespreng ihren Platz erhielt; die Darstellung des letzten Abendmahls Christi mit seinen Jüngern war das Hauptthema der plastischen Zier.

48 Ursprünglich stand das feingliedrige Werk – wie jetzt wieder seit Pfingsten 1965 – ganz frei auf der westlichen Empore, später im Ostchor, wo es schon 1797 ein Reisender, ein echter Zeitgenosse Wackenroders, als besondere Merkwürdigkeit erwähnenswert fand. Erst Heideloff, der geistreiche, aber nicht immer mit glücklicher Hand begabte Renovator fränkischer Gotik, hat es im 19. Jahrhundert an die südliche Stirnwand des Seitenschiffes gerückt und dadurch das Ganze schon um einen Teil seiner ursprünglich beabsichtigten Wirkung betrogen. Das einst helle Lindenholz der Figuren war, wie das Kiefernholz des Schreinwerks, durch Beizen, aber auch noch durch das im letzten Jahrhundert wiederholte Tränken gegen den hier so schrecklich wütenden Holzwurm, völlig gedunkelt. In den Jahren 1963 bis 1965 ist die Freilegung mit großer Behutsamkeit begonnen und mit unerwartetem Erfolg vollendet worden. Das Schwarzbraun ist nun dem warmen Honigton des natürlich gealterten Lindenholzes gewichen, und die ganze Feinheit der Schnitzerei wird erstmals wieder vollkommen deutlich, so daß man in diesem Sinne fast von einer Neuentdeckung sprechen möchte.

Dieser Blutaltar ist der einzig erhaltene von vier Altären, die Tilman Riemenschneider nach Rothenburg lieferte. Er zeigt den für die Zeit charakteristischen Aufbau, wie ihn ähnlich auch die schon zerstörten oder verschollenen Altäre des Meisters besaßen, mit einem Kapellenschrein und vollplastischer Gruppe darin, gerahmt von flachen reliefgeschmückten Flügeln, die nun schon gar nicht mehr zum Schließen gedacht sind, sondern wie ein ständig aufgeschlagenes, riesiges Buch in der Kirche stehen.

Das linke Relief mit dem Einzug Christi in Jerusalem bedeutet den Beginn der Passion und
53 führt in seinem Bewegungszug in die Komposition hinein. Den Mittelpunkt bildet die Darstellung des Abendmahls, die den Schrein ausfüllt, während das nächtliche Gebet am Ölberg als Ausklang der Erzählung und Eckpfeiler der Darstellung auf dem rechten Flügel dargestellt ist. Oben, im Gespreng über dem Schrein, hat die Verkündigung Mariae Platz gefunden, dazwischen knien zwei Engel mit der Blutreliquie, und im obersten Geschoß steht der Schmerzensmann; in der Predella schließlich knien zwei Engel mit den Leidenswerkzeugen.

Die Vereinfachung der Komposition durch die Beschränkung auf eine Szene für jeden Flügel
49 wirkt wohltuend. Der Schrein zeigt in der Tiefe statt der altgewohnten, glatten Rückwand des Kastens nun drei Nischen mit zusammen neun Fenstern und besitzt durch dieses bereichernde und auflockernde Motiv eine stärkere räumliche Tiefe und größere Feierlichkeit, die jetzt am alten Platze wieder voll zur Geltung kommt.

Die Eindringlichkeit des Erlebens, des Beisammenseins Christi mit seinen Jüngern, bislang mehr oder weniger als Addition einzelner Figuren empfunden und hier als wirkliche Komposi-

Rothenburg ob der Tauber, Stich von Matthäus Merian, 1648

tion im wörtlichen Sinne gestaltet, wird dadurch noch gesteigert, daß die bisher immer geschlossene Rückwand des Altarschreins nun zur Raumkulisse der „Eßlaube" umgedeutet wird, vor deren langgeschlitzten spätgotischen Fenstern die heiligen Apostelgestalten im Lichte leben sollten, das von den einst farbigen Glasgemälden der Kirchenfenster stärker gedämpft, den Schrein an seinem unsprünglichen Platze durchleuchtet. Riemenschneider erhielt die Anregung zu diesem Motiv aus dem niederländischen Kunstkreis, zweifellos auf dem Umweg über die weit verbreitete Graphik; schon der Meister „W" hatte um 1470 als Vorlageblätter für Bildhauer und „Kastenmacher" solche Kapellenschreine erdacht und im Kupferstich verbreitet. Riemenschneider ist nun der erste, der die sonst nur angedeuteten Fenster einer solchen Schreinrückwand wirklich öffnet und das Gegenlicht hereinläßt.

Der Künstler hat den Vorgang des Abendmahles geradezu noch einmal erlebt, aus der 50, 51 teilnehmenden Erregung des Heilsbedürftigen heraus gestaltet und der Darstellung die Schilderung der Evangelien zugrunde gelegt. Aus den starren Einzelfiguren der früheren gotischen Schreine, die einfach nebeneinander verweilten, ist hier die lebendigste Gruppierung geworden, wie sie sich vordem allenfalls in den Nischen der Predella angebahnt hatte. Gegen die Summe der Gestalten steht hier nun die Macht der einzelnen Persönlichkeit im Verlaufe des tragischen Gesprächs, und die Schuld tritt in den Vordergrund der Handlung: der Verräter ist nicht als Hauptfigur, aber seine Tat als Hauptproblem aufgefaßt, das den sündigen Beter bewegt. Wollte der Meister hier andeuten, daß der Verrat vielleicht nur aus mißverstandener Zuneigung geschah, daß Judas damit den Herrn etwa zur Tat und zum Beweis seiner Gottessohnschaft zwingen wollte?

31

Denn die Komposition ist neu und kühn genug: Christus wurde als Hauptfigur aus der – vorher und nachher kaum jemals aufgegebenen – Mitte zur Seite gerückt: im Zentrum des Schreins steht statt seiner Judas, aber mit dem Rücken, und also nur halb zum Beschauer gewendet; über ihn erst führen Bewegung und Blickrichtung auf den Heiland selbst.

So bilden sich auf ganz natürliche Weise zwei Gruppen von Jüngern im Schrein; bei der linken überwiegt die stumme Verwunderung, bei der rechten dominiert der ernste Disput, wobei die Intensität und die Spannung der lebhaft wechselnden Unterhaltung, zumal bei den zwei im Vordergrunde des Schreins rechts sitzenden Jüngern, an die Dramatik der Apostelgespräche auf den hochmittelalterlichen Bamberger Chorschranken erinnert, die dem Meister ja schon bekannt waren.

Es ist die Szene, welche das Johannis-Evangelium im 13. Kapitel, Vers 21, schildert: „Wahrlich, ich sage Euch, einer unter Euch wird mich verraten. Da sahen sich die Jünger untereinander an und ward ihnen bange, von welchem er redete." Links sitzen Petrus und Jacobus staunend ob der Rede Christi; Johannes ist fast unsichtbar, denn nach dem Worte der Hl. Schrift ruht er im Schoße des Herrn. Der den Becher haltende Jünger scheint ein wenig verlegen, er ist auf einen Augenblick isoliert, wie es im Laufe eines hin- und herspringenden Gesprächs vorkommt.

Riemenschneider hat den Vorgang auf seine Weise dramatisiert und nicht, wie etwa Leonardo in seinem kurz zuvor vollendeten berühmten Abendmahl, die Einsetzung des Sakraments, sondern den schicksalsschweren Moment, da Christus dem Verräter das Brot reicht, zur Darstellung gewählt. Alles konzentriert sich auf den gegenwärtigen Augenblick und auf seinen geistigen Gehalt; da ist nichts mehr von der reichbesetzten Tafel, wie sie die erzählfreudige Spätgotik liebte; dafür schwebt überdeutlich jene Frage über der Runde, welche das Wort des Herrn Allen aufgibt, und die er eben zu beantworten sich selbst anschickt. Tiefer Ernst und auch große Ratlosigkeit ergreifen die Teilnehmer des Abendmahls.

Das Besondere in Riemenschneiders Kunst liegt hier wieder jenseits des reinen Könnens, jenseits der virtuosen Beherrschung des Handwerklichen, die dem Meister das Modellieren mit Licht und Schatten statt der Farben erlaubt. Seine Gestalten verweilen außerhalb des Alltags, angefüllt von gläubigem Erleben; es beseelt sie jene schlichte volkstümliche Frömmigkeit, die, einst wie heute, unmittelbar zum gläubigen und bewundernden Beschauer spricht.

Schmucklose Vergegenwärtigung des Evangeliums war Riemenschneiders Ziel, und die Klarheit des göttlichen Wortes sollte ohne alles Beiwerk, so wie der Künstler es verstand, aus diesem Schreine herausleuchten. Deshalb ist auch alles Gegenständliche des Mahles, das den Meister am Münnerstädter Altar noch beschäftigt hatte, ganz vernachlässigt. Die Köpfe sind das Wesentliche – fast ausschließlich – geworden, und die Gewänder dienen nur noch der Verdeutlichung ihrer Aussage.

★

Das Geschehen der Passion in seinen einzelnen Abschnitten begegnet dem Meister immer wieder als Auftrag. Zahlreich sind die Ölberg-Gruppen aus Riemenschneiders Zeit im ganzen Frankenland. Am nächsten steht dem Meister jene frühe, 1499 von seiner Werkstatt ausgeführte Gruppe zu Königshofen an der Tauber, und die an der Laurentiuskirche in Heidingsfeld bei Würzburg, an der er sich um 1510 selbst beteiligte, vor allem aber der schlafende Apostel

Maria mit dem Kinde aus Gramschatz bei Würzburg.
Hannover, Landesgalerie

Jacobus aus dem wohl gegen 1520 geschaffenen Ölberg von St. Burkard in Würzburg, den das Mainfränkische Museum verwahrt. Welch' friedliche Ruhe strömt von diesem mit kraftloser Hand locker gestützten Haupte aus und von seinen in tiefem Schlaf gelösten Zügen! 86

Der Höhepunkt der Passion, die Kreuzigung Christi, ist dem Meister darzustellen oft aufgetragen worden, wie immer noch mancher Kruzifixus erweist, der allein, oder als Mittelpunkt einer Kreuzigungsgruppe, aus Altären oder von Chorbögen, erhalten blieb. Den schönsten unter ihnen, schmerzerfüllt, aber voll edlen Duldens und ganz ohne Grünewalds grausige Vergegenwärtigung, nach Ausweis einer eingelegten Urkunde 1516 entstanden, bewahrt die Kirche in Steinach an der fränkischen Saale; einen anderen Kruzifixus, aus dem 99 Würzburger Bürgerspital stammend, zeigt das Museum, ein weiterer aus des Meisters frühen Jahren ist nach dem letzten Kriege erst in Wien entdeckt worden und befindet sich jetzt in Graz; ein anderer im fränkischen Heroldsberg wurde erst nach seiner Freilegung als frühes Meisterwerk erkannt, und ebenso erging es dem Kruzifix in Eisingen bei Würzburg nach 16 kürzlicher Restaurierung – um nur diese zu nennen, oder von den Kreuzigungsgruppen mit Maria und Johannes als Assistenzfiguren, jene in der Pfarrkirche zu Aub im Ochsenfurter Gau, im Landesmuseum zu Darmstadt und in der Laurentius-Kirche zu Würzburg-Heidingsfeld zu erwähnen. Nirgends trifft man rohe Ausgelassenheit oder Grausamkeit, immer aber innige Frömmigkeit und rührende Trauer.

Auch begleitende Gestalten und Gruppen ohne Kruzifixus sind übriggeblieben, wie die beiden frühen Reliefs, die jetzt auf der Harburg an der Wörnitz verwahrt werden. Die trauernden Marien leben, wie der energischere Johannes, in der detailreichen Fülle aller Formen. Aus Mariens Antlitz spricht nur Leid und tiefe Trauer, es gibt den Ton für den Dreiklang der klagenden Frauen, den die kummervolle Sorge Johannis kräftig begleitet. Hier findet sich einmal ein barockisierender Anklang, wie ihn die Zeit sonst sehr wohl, Erasmus Grasser gar bis zur Ekstase, der Würzburger Meister aber gar nicht liebte. Gegenüber steht, teils zweifelnd, teils neugierig, die Soldatengruppe mit dem mißmutig rechthaberischen Pharisäer davor, der nach Gestalt und Gesinnung den stärksten Gegensatz betont. Beide Gruppen, zu denen noch zwei Flügelreliefs im Schloß Berchtesgaden gehören, sind oft fälschlich als Reste eines Riemenschneider-Altars für das schwäbische Wiblingen angesehen worden. Farbtafel n. S. 16 65 – 67

Im Detwanger Kreuzigungsaltar, der für die Michaelskapelle in Rothenburg geschaffen wurde und in der Barockzeit der Dorfkirche im Taubertal überlassen worden ist, blieb, wenn auch mit nachteilig verändertem Schrein, ein Kreuzaltar Riemenschneiders erhalten. Der Meister hat auf alles Beiwerk und Getümmel, wie es die Zeit sonst liebte, verzichtet und die Anzahl der Beteiligten eng begrenzt. Der Umriß der Gruppen hat sich, mehrere Jahre nach dem Heiligblutaltar, noch weiter beruhigt, zur Darstellung des Schmerzes dienen die zaghaften Gebärden der so feinen Hände, das stille Schluchzen oder die gefaßte Trauer der Marien; große Ratlosigkeit bedrückt den phantastisch Gekleideten rechts, indem er die Hand untätig ins Gewand schiebt, Teilnahmslosigkeit demonstrierend; er ist wohl ein Pharisäer, jedenfalls doch kein römischer Hauptmann, als der er gelegentlich angesprochen wird. Diesen gläubig gewordenen Longinus möchte man eher in dem voller Bewegung zu Christus aufblickenden Soldaten daneben vermuten. Der Gekreuzigte ist weder Sieger noch schmerzerfülltes Opfer, sondern ein stiller Dulder, im Leid noch zum Verzeihen bereit. Gewiß konnte dieses Karfreitagsbild im alten Schrein mit seinen spitzbogigen Fenstern im Hintergrunde noch sehr 68 – 71 viel feierlicher wirken, wenn die Gruppen unter der symbolbeladenen Architektur des Gehäuses im milden Gegenlichte aufdämmerten.

★

In der kleinen, alten Wallfahrtskirche am Herrgottsbach nächst dem Tauberstädtchen Creglingen steht der bedeutendste aus der Reihe der erhalten gebliebenen Altäre des Meisters, ein Marienaltar. Schon einmal hatte er sich mit dem Thema beschäftigt, als die Rothenburger 1496 einen Marienaltar für die Jacobskirche bestellten, der nicht erhalten ist. Etwa zehn Jahre später ging Riemenschneider wieder an diesen Vorwurf und schuf das schönste Denkmal der damals besonders aufblühenden Marienverehrung.

54 – 64 Der Marienaltar steht frei inmitten des Kirchleins, und dieser ungewöhnliche Platz erklärt sich aus dem durch eine Wundererscheinung gegebenen Orte, an dem im 14. Jahrhundert ein Bauer beim Pflügen der Legende nach eine geweihte Hostie gefunden hatte.

Hier in Creglingen, wo alte urkundliche Überlieferung fehlt, sind, im Gegensatz zum Rothenburger Heiligenblutaltar, Schrein, Gespreng und Bildhauerarbeit wohl einheitlich aus Riemenschneiders Werkstatt hervorgegangen und im ganzen unverändert geblieben. Als die Reformation kam, hat man gewiß die Flügel des Altars bald geschlossen und den Schreinkasten zum Aufhängen von Totenkränzen, wie sie früher üblich waren, benützt. So störte dieser Aufbau niemanden, und er schlief durch Generationen, bis ihn im Jahre 1832 ein Kunstfreund wieder öffnete und seiner Mitwelt davon berichtete, worauf G. A. v. Heideloff den Ankauf für St. Sebald in Nürnberg erwog. Ihm blieb die Verfärbung durch Beize und Öl erspart, aber nicht die Gefahr des Holzwurmfraßes; eine sorgfältige und glücklich gelungene Behandlung im Jahre 1953 hat den Altar gerettet und gesichert, ohne daß das vertraute Bild beeinträchtigt wurde.

Schrein und Gesprenge sind auf eine neue Weise durch den Kielbogen miteinander verwachsen, der, in der Architektur schon längst eingebürgert, als Schreinabschluß doch ein neues Motiv ist und hier aus dem Kasten drängend herauswächst; der Bewegungszug nach oben erhält dadurch den lebhaftesten Antrieb.

Die Flügel bringen vier Szenen aus dem Marienleben, die teilweise von Schülerhänden 56, 64 ausgearbeitet und nach Vorlagen der zeitgenössischen Graphik komponiert sind: Links die schönsten und innigsten, voll melodischen Empfindens, die Verkündigung Mariae und die Heimsuchung, rechts die Anbetung der Hirten und die Darstellung im Tempel; dazu kommen noch die Gruppen im Sockel: links die Anbetungen der Könige und rechts der zwölfjährige 63 Jesus im Tempel, eine Szene, in der Riemenschneider sein Selbstbildnis angebracht hat. Über dem Schrein schwebt die Dreiergruppe der Marienkrönung. Diese bildnerische Zier, die sich um den Schrein gruppiert, entstand in einer Werkstattgemeinschaft, sie wurde vom Meister entworfen und unter seinen Augen teilweise von Gesellen ausgeführt, die oft selbst schon meisterliches Können besaßen. Es liegt im Wesen solch zunftgebundener und bruderschaftlich verankerter Arbeit, daß die Beteiligten namenlos blieben und noch nicht als selbständige Persönlichkeiten hervortreten wollten; insofern soll alle Forschung nach Meister- und Gesellenhand denn auch dort enden, wo sie zu einer Entwertung der Gemeinschaftsarbeit würde; sie hat sich damit zu bescheiden, daß das Auge des Meisters alles gesehen, und er alles gebilligt und unter seinem Namen abgeliefert hat.

55 Den Schrein füllt die Gruppe mit der leiblichen Himmelfahrt Mariens, eine unvergleichliche Szenerie und auffällig als ikonographische Neuschöpfung, denn bisher wurde ja doch vor der

34

Himmelfahrt zunächst der Tod Mariens im Kreise der Jünger dargestellt. In diesem Sinne faßte auch Veit Stoß im Krakauer Altar den Vorgang auf, er zeigte nämlich den Tod Mariens inmitten der Jünger und darüber dann erst Christus und Maria gen Himmel fahrend.

Riemenschneider vereinfacht den Ablauf des wundersamen Ereignisses in seiner neuartigen Darstellung formal zu einer Parallele der Himmelfahrt Christi. Die stille Freude einer großen Kirchenfeier erfüllt den Schrein, der nun in seiner Tiefe nicht mehr dunkel ist, sondern einem lichten Chore gleicht. Diese bildnerische Auffassung der Himmelfahrt Mariens ist in der Folge, bis zu der Auffahrt Mariens, wie sie die Brüder Asam zur Barockzeit in der Klosterkirche von Rohr gestalteten, und bis heute, die allgemein übliche in der bildenden Kunst geworden.

Der Schrein von Creglingen ist, trotz des kapellenartig mit Fenstern durchbrochenen Hintergrundes, der hier in der alten Aufstellung voll wirksam wird, mehr Rahmen als Raum, und die Figuren sind wie in ein Gemälde hineinkomponiert, nicht mehr im einfachen Nebeneinander gegeben. Die Handlung ist, wie die Erdschollen, auf denen Maria stand, beweisen, im Freien gedacht, der Kirchenraum ist also durchaus keine Ortsschilderung, sondern symbolisch gemeint, wie etwa auf der Kreuzigung Rogier van der Weydens oder auf der Geburt Mariae von Altdorfer. Das Auffahren der von Engeln getragenen Maria wird besonders sinnfällig durch die tiefe Schlucht zwischen den Gruppen: der Platz ist eben erst leer geworden und die so entstandene Lücke beweist das im Gang befindliche wunderbare Geschehen.

Keine völlige Symmetrie der Gruppen wurde beabsichtigt, sondern eher eine Art von natürlichem Gleichgewicht mit sehr verschiedenen Akzenten im Einzelnen, so daß Fülle und Individualität sich gleichzeitig darbieten. Maria, die Hauptgestalt, schwebt sanft empor, von Engeln geleitet; das wundersame Ereignis still hinnehmend, faltet sie andächtig, wie einst Magdalena in Münnerstadt, die Hände; rechts blickt Johannes, ergriffen betend, zu ihr auf. Besonders schön spiegelt sich der Widerschein des Geschehens auf der anderen Seite: ein Jünger wird im Beten überrascht, es scheint ihm das Wunder geradezu die Sprache zu verschlagen, während sein Nachbar, noch lesend und seinen Arm vertraulich auf des Freundes Schulter legt, gar nichts gemerkt hat. Es entsteht kein Tumult, sondern stille Ergriffenheit breitet sich aus, Beten und Sinnen; aufkommende Fragen und jähes Erschrecken sind gebannt. Der Apostel Philippus, ein Antlitz voller Glauben und ohne Pathos, ist geradezu ein Sinnbild echter Frömmigkeit für unsere Zeit geworden.

Die viel verbreiteten Bilder dieser Apostelhäupter zeigen, wie wenig innere Größe vom äußeren Maßstabe abhängig ist, und wie auch die stärkste Vergrößerung diese bildhauerischen Charakterstudien nicht zerstört; so liest man denn gelegentlich von den angeblich fast lebensgroßen Figuren des Creglinger Schreins, die doch in Wirklichkeit nicht einmal zwei Drittel davon erreichen, während Stoßens gebärdenreiche Krakauer Gestalten tatsächlich die Lebensgröße um die Hälfte überbieten. Riemenschneider lag das Riesige ebenso wenig wie ein Aufruhr der Gefühle, der die Werke des Nürnberger Meisters kennzeichnet; wir kennen deshalb auch keine überlebensgroßen holzgeschnitzten Werke seiner Hand.

Gegenüber dem Rothenburger Schrein ergibt sich in der Komposition eine klare Teilung, die noch eindringlicher wirkt. Der Verzicht auf die Farbe ist hier wieder ganz zu begreifen als bewußte Lösung aus der bunten Vielfalt der Spätgotik; von hier aus ist es, nach der Entdeckung und solcher Beherrschung des Materials, weder technisch noch künstlerisch ein weiter Schritt zum Alabaster, zum Mamor oder zum Buchsbaum, den Lieblingsmaterialien der Renaissance.

Die Creglinger Schreingruppe ist ein Sieg in dem Ringen des Meisters um eine geschlossene, einheitlichere Form, ein Ziel, das Riemenschneider schon von Anfang an von der Überlieferung, auch der niederländischen und norddeutschen Bildhauertradition, trennt. Es ist auch ein Sieg über die Materie errungen, denn die Kräfte der Verinnerlichung durchdringen in der Tat jede einzelne Figur in diesem Schrein. Wie sehr ist Riemenschneider nun innerlich dem Norden fern, der brausenden Fülle, die etwa Lübecks Bildnerei eben mit Claus Bergs Odenseer Altar anstimmte, und der norddeutschen Kunst überhaupt und ihren Höhepunkten, wie Brüggemanns Bordesholmer Altar mit seinen über vierhundert Figuren!

Die Vollendung der Form und die Beseelung der Materie, beides unlösbar verbunden, das ist es, was Riemenschneider seiner Zeit als neues Geschenk darbrachte und was ihm die Zustimmung und Liebe späterer Generationen einbringt; es klingt damit etwas sehr Persönliches in seinem Werke an, eine volksliedartige, innige Melodie voll gedankenreicher Schwermut.

★

Im Jahre 1505, etwa gleichzeitig mit dem Creglinger Altar, schuf der Meister, nun in der Mitte der Vierzig – es ist das Jahr, in dem der dreißigjährige Michelangelo nach Rom berufen wurde und das Papstgrabmal begann – im Auftrage des Kurfürsten Friedrichs des Weisen einen großen und sehr teuer bezahlten Kruzifixus für die Schoßkapelle in Wittenberg. Leider ist dieses, für den Freund seines Fürstbischofs Bibra geschaffene und gewiß besonders liebevoll gearbeitete Werk längst verschollen.

Im gleichen Jahre 1505, als der Heiligblutaltar für die Jacobskirche in Rothenburg o. T. vollendet und aufgestellt war, begann der Meister mit dem Annenaltar für die Marienkapelle der Reichsstadt. Die Kirche ist 1810 eingerissen worden und der Altar nicht mehr vorhanden; lediglich die sitzende Hl. Anna aus der Hauptgruppe des Schreins ist, einer sagenfernen Norne gleich an Würde und Blick, erhalten. Etwa 1506 begann in Riemenschneiders Werkstatt die Arbeit am Allerheiligenaltar, den die Dominikanerinnen zu Rothenburg o. T. bestellt hatten; 1510 konnte dieses Werk aufgestellt werden; es ist ebenfalls verschollen.

Zwischen all' den großen Aufträgen übernahm der Meister für die Werkstatt auch kunsthandwerkliche Arbeiten, etwa „Lüsterweibchen" oder Gußformen für die Verzierung von Geschützen und Wappensteine an den Stadttoren, oder 1506 den großen Prunktisch für das Würzburger Rathaus, über dessen Entwurf der Künstler seinen Ratskollegen in der Sitzung Aufklärung gab; er steht jetzt im Würzburger Museum. Der „Ornatbehälter" des Doms dagegen, ein Sakristeischrank, für den er 1523 Bilder und Wappenschilde schnitzte, ist längst verloren.

In dem arbeitsreichen ersten Jahrzehnt meldeten sich auch die Windsheimer wieder; eine wohlhabende Bürgerin der kleinen Reichsstadt stiftete damals einen Zwölfbotenaltar für die Kilianskirche und bestellt ihn beim „Bildschnitzer in Würzburg", der in Windsheim ja schon seit mehr als einem Jahrzehnt bekannt war. 1509 wurde der Schrein aufgestellt und dann noch, gegen des Meisters urprüngliche Absicht, gefaßt. War man nun bislang der Meinung, daß dieser Altar mit den anderen beim Stadtbrande 1730 vernichtet sei, so hat die Freilegung eines längst bekannten, aber wegen seines dicken Anstrichs verkannten Altares bald nach dem Zweiten Weltkrieg in Heidelberg ergeben, daß in diesem noch der Windsheimer Apostelaltar, sogar mit geringen Brandspuren versehen, erhalten geblieben ist.

Christus steht zwischen sechs Aposteln im Schrein, je drei Apostel sind als Flachreliefs auf   72 – 75
den beiden Flügeln untergebracht. Die Schreinfiguren schuf der Meister selbst; die delikate
Schnitzerei der Apostelköpfe beweist und die von ihm noch lasierend aufgetragenen Augensterne verraten, wie auch beim Würzburger Johannes, daß er wieder alle Kunst seinem Messer
anvertraut und der Farbe entraten wollte.

Die Kenntnis vom Schaffen und Werk Riemenschneiders in seiner reifen und arbeitsreichen
Epoche ist durch den Windsheimer Altar um ein Hauptstück bereichert worden. Die
Apostelfolge, die er schon in Stein für die Marienkapelle in Würzburg geschaffen und auch in
Einzelfiguren kleineren Formats in Holz, wie zwei erhaltene in Berlin und München verraten,   91
gewissermaßen vorstudiert hatte, tritt für Windsheim, nun in einen Schrein hineinkomponiert,
nochmals ans Licht. Christus steht inmitten seiner Jünger, um Haupteslänge sie überragend,
wodurch der Meister den „Bedeutungsmaßstab" der Altvordern noch einmal anerkennt; die
große Ohrenfalte seines Gewandes gibt der Gestalt vermehrte Bedeutung und Würde. Alle
Liebe ist wieder auf die seelische Durchbildung in den Gesichtern der Apostel gewendet.
Johannes schließt die Schreingruppe links; die ernste Nachdenklichkeit des leicht gesenkten   74
jugendlichen Lockenhauptes findet ihr Echo in dem von Entschlossenheit gezeichneten Antlitz
des älteren Jacobus. Apostolischer Eifer erfüllt das Gesicht des Andreas, wie schon das   75
Münchner Andreashaupt, während Christus, voll milder Güte inmitten der zwölf Boten, die
Hand zum Segen erhebt.

★

Es war Fürstbischof Lorenz von Bibra gewesen, der, altem Brauche gemäß, das Grabmal
seines Vorgängers Scherenberg an Riemenschneider vergeben hatte. Der große Kunstfreund
hatte eine wohlgefüllte Kasse vorgefunden, er ließ den stadtseitigen Fürstenbau seines Schlosses
Marienberg erneuern, mit Erker und Wendeltreppe schmücken und hatte kostbare Reliquiare
für die Burgkapelle angeschafft. Riemenschneider fand an ihm zeitlebens einen gnädigen und
kunstfreudigen Herrn und hatte unter seiner Regierung auch den großen, längst zerstörten
Domhochaltar geschaffen, von dem die volkstümlichen Büsten der drei Frankenapostel später   78
ins Neumünster kamen (1945 verbrannt, Kopien dort erhalten) und der feinnervige Salvator
sich in der Pfarrkirche zu Biebelried bei Würzburg erhalten hat. Bibra ließ sich zwanzig Jahre   29
nach seinem Regierungsantritt, schon zu Lebzeiten, sein eigenes Grabmal von Riemenschneider fertigen und bestimmte dafür auch wieder den rotgefleckten Salzburger Marmor. Der
Meister war damals in der Mitte der Fünfziger. Das Vorbild, dessen er sich bedienen sollte, war   35
sein eigenes Werk und so ist denn, freilich nur auf den ersten Blick, auch alles ähnlich geworden:
Umriß, Aufriß, das Schema der Figur und des Rahmens.

Doch das Detail wird nun beherrscht von der Formenwelt der Renaissance, die damals mit
jener, der Mode allezeit eigenen Windeseile um sich griff. Hier wurde sie dekorativ übernommen: die flankierenden Säulen, die eigentlich den Bogen tragen sollten, werden von Statuetten
bekrönt, aus dem spitzigen Baldachin ist ein üppiges Fruchtgehänge geworden, und die
knittrigen Engel haben sich in dralle Putten verwandelt. Und die Figur? Und der Kopf? Des   37
Bischofs Antlitz war damals schon, als der Stein gemeißelt wurde, von unheilbarer Krankheit
gezeichnet und zerstört – und doch mag dieser Umstand den Künstler kaum irritiert haben,
denn es war nicht nur der äußerliche Zufall, sondern das Schicksal künstlerischen Werdens in

jener Zeit, wenn dieser Kopf, der den Fürsten noch in den besten Jahren zeigt und auch immer noch ebensoviel Symbol wie schon Porträt sein sollte, nun doch nicht mehr jenes Übermaß an seelischer Tiefe besitzen konnte: das Mittelalter versank in Riemenschneider selbst und um ihn herum.

Diesen Bischof, den feingebildeten, von Kaiser Maximilian geschätzten Humanisten, den Freund Friedrichs des Weisen und Gönner des gelehrten Abtes Trithemius, zeichnet die distanzierende Kühle des geistig verwöhnten Herrschers aus und die urbane Sicherheit des geborenen Regenten. Die Seele sollte nicht zur Schau gestellt werden, und so erscheint Bibras Antlitz hier wie ein Vorbote jener bald eisigen Porträts, ein Auftakt zu den nun mehr unpersönlichen, freilich sehr geistvollen und fast immer sehr dekorativen Denkmälern der Renaissance. Das Grabmal ist beim Wiederaufbau des Domes nach dem jüngsten Kriege von seinem alten Platze auf der Südseite des Langhauses entfernt und 1963 auf der Nordseite aufgestellt worden.

Des Meisters Werkstatt schuf gleichzeitig den bescheidenen, rührend innigen Grabstein des berühmten Gelehrten und Würzburger Schottenabtes Trithemius († 1516), der später ins Neumünster kam, das liebenswürdige, kleine Denkmal eines großen Gelehrten.

★

Als Überbleibsel zerstörter Altäre Riemenschneiders hat sich eine Vielzahl von Reliefs, von
79 Einzelfiguren und Gruppen, oftmals unter vielfachem Besitzwechsel, in öffentliche und private Sammlungen in aller Welt geflüchtet, wie etwa die Burkardus-Büste, die vom Schloß Mainberg bei Schweinfurt über Berlin nach Washington kam, oder etwa auch die Leuchterengel aus
100, 103 Külsheim im Taubertal, heute in London, und die Leuchterengel aus der Sammlung Sattler auf Mainberg, heute in Würzburg. Dazu gehören auch die Weihnachtsreliefs aus der Schloßkapelle von Aub im Würzburger Museum oder die beiden von einem einzigen Relief stammenden Fragmente mit der Anbetung der Hl. Drei Könige, die jetzt geteilt in den Museen von Berlin-(Ost) und Aschaffenburg verwahrt werden.

Insbesondere sind darunter auch Marienbilder, die ja im Gesamtwerk des Meisters einen
22 bevorzugten Platz einnehmen. Die holdselige Milde dieser lieblichen Gestalten mit ihren aristokratischen schmalen Nasen und den zarten Händen, ihr schwermütig frommes Sinnen ist volkstümlich geworden; so bestimmen Riemenschneiders Madonnen in ihrem jungfräulichem Wesen und ihrer rührenden Innigkeit heute weithin das Bild des Meisters und das Wissen um sein Werk im Bewußtsein der Gläubigen wie der Kunstfreunde.

Neben der farbigen Pracht der frühen Maria in Wien und der in herrlicher alter Fassung bewahrten Madonna mit Kind im Wolkenkranz, die vor wenigen Jahren ins Münchner National-Museum gelangte, steht die stille Träumerei jener ebenfalls in alten Farben überkommenen Maria samt Christkind zu Hannover, die aus der kleinen Waldgemeinde Gramschatz bei Würzburg stammt; die herbere Würde der Berlinerin aus Tauberbischofsheim und der kürzlich
15 freigelegten Haßfurter Maria stehen neben der ernsten Anmut der Frankfurterin; diese aus Stein
105 gemeißelte Marienstatue stand früher am Hofe des Neumünsterer Stiftsherrn Dr. Balthasar Fischer in der Martinsgasse, der als feinsinniger Humanist und als Sammler antiker Kunst im Würzburg jener Zeit bekannt ist. Maria ist voll jugendlicher Anmut und sorgender Mütterlichkeit; wohl ist der Kopf dem Kinde zugeneigt, aber ihr Blick streift versonnen die Ferne, während das lustige und gesunde Kind ganz dem Diesseits verschrieben ist.

Das schönste steinerne Marienbild des Meisters aus seiner reifen Zeit, wohl gleichzeitig mit 104
Veit Stoßens Englischem Gruß entstanden, ist erst nach dem jüngsten Kriege bekannt geworden
und nach langer Irrfahrt 1956 aus dem Ausland nach Würzburg zurückgekehrt, wo es früher
wahrscheinlich den Prälatenhof des Dechanten von Stift Haug geschmückt hat; der Meister hat
dieser Gottesmutter alle Züge seines weiblichen Ideals verliehen: die hohe Stirn, mandelförmige
Augen und dazu eine lange, schmale Nase, einen kleinen Mund und auch das Grübchen am
Kinn. Es ist wie ein Klang von volkstümlichen Melodien: himmlische Würde und fröhliche
Lebensnähe beseelen das zarte Beieinander der Mutter mit dem kleinen Heiland, der unbeküm-
mert und fröhlich mit den Locken Mariens spielt und an ihrem Schleier zerrt.

Merkwürdig ist die Würzburger Doppelmadonna, die aus zwei mit dem Rücken gegeneinan- 92
der gestellten Relieffiguren besteht und einst in einem Kronleuchter der längst abgebrochenen
Würzburger Barbarakirche schwebte. Die frühe Marienbüste mit dem Kinde in St. Burkard in
Würzburg, die leider noch durch neuere Fassung beeinträchtigt ist, diente einst als Tragfigur bei
Prozessionen auf die Festung, für deren Kirche Fürstbischof Bibra die rührend zarte Gruppe
wohl bestellt hatte. Das gleiche Thema zeigt eine kleine Büste mit alter Fassung aus einer
fränkischen Dorfkirche, die nach dem jüngsten Kriege ins Mainfränkischen Museum kam.

Aus den späten Jahren stammt die Rosenkranzmadonna, die heute noch in der alten Kirche
und jetzt auch wieder am alten Platze, nämlich im Chor schwebend, auf dem Kirchberg bei
Volkach hoch über dem Main, das gotische Kirchlein inmitten der Weinberge schmückt. 1521 95 – 97
dem Bürgermeister Riemenschneider aufgetragen, entstand sie ab 1522 und wurde 1524
aufgehängt. Lange Zeit verkannt, erlebte sie erst 1955 ihre künstlerische Wiederaufstehung, als
die späteren, stark deckenden Übermalungen entfernt wurden. Die großen Bruchschäden des
schändlichen Diebstahls von 1962 konnten nach der Rückgabe von kundigen Händen schon
1963 behoben werden. Diese Maria im Rosenkranz ist das rührende Denkmal inniger
Volksandacht; sie ist nur ein paar Jahre jünger als Hans Leinbergers Maria im Rosenkranz in
Landshut und beweist so recht eindringlich die rasche und weite Verbreitung der Ziele der 1474
in Köln begründeten Rosenkranzbruderschaft in Süddeutschland. Die lebensgroße Marienge-
stalt mit dem Christkind auf dem Arm steht auf Wolkensockel und Halbmond frei inmitten
eines ovalen Kranzes stilisiert geschnitzter Rosen, umstrahlt von einer Mandorla und umflattert
von musizierenden Engeln und Putten, sowie zwei Engeln, die einst eine Krone trugen; der
Kranz ist belegt mit fünf Medaillons, den „Gesetzen", die nach jeweils zehn Rosen Szenen aus
dem Marienleben schildern: der Verkündigung oben folgen die Heimsuchung, die Geburt
Christi, die Anbetung der Hl. Drei Könige und Mariens Tod. Diese Muttergottes inmitten des
Engelskonzerts strahlt in inniger Mutterliebe und tiefer Frömmigkeit, wie die zeitlich
nahestehenden Steinmadonnen zu Würzburg und Frankfurt und die kleinere Lindenholz-
Madonna in Dumbarton Oaks bei Washington, ganz ohne Pose oder leere Phrase, erfüllt vom 94
Glauben und beseelt vom Können des Meisters.

Eine zierliche Madonnen-Statuette fand sich erst nach dem letzten Kriege zufällig im Tresor
der Pfarrkirche zu Euskirchen, wo sie unbekannt viele Jahrzehnte, ja wohl fast ein Jahrhundert
lang, geschlummert hatte und das Geheimnis ihrer Herkunft noch immer bewahrt. Und der
Zufall wollte es, daß wenig später die feinste Marien-Statuette Riemenschneiders, bislang 93
unbekannt, vom Untermain ins Mainfränkische Museum gelangte. Diese zierliche Lindenholz-
schnitzerei mit Spuren alter Fassung war nicht ohne kleine Schäden geblieben, auf deren

Ergänzung aber bewußt verzichtet wurde. Man möchte sie als Modell ansehen, wenn nicht ihr alter Platz im Kronleuchter einer fränkischen Kapelle noch wahrscheinlicher wäre.

Farbtafel
n. S. 40
98

Die Trauernde Maria aus Acholshausen im Würzburger Museum, der Rest einer in dem fränkischen Dorf im letzten Jahrhundert zu Brennholz zersägten dreiteiligen Kreuzigungsgruppe, ist in der vornehmen Größe ihrer verhaltenen Trauer das zu Herzen gehende Hohe Lied mütterlichen Schmerzes; selten ist wohl grenzenloses Leid schöner und hoheitsvoller dargestellt worden. Im Spiel der Hände und des Schleiers bricht der schier unerträgliche Schmerz noch einmal hervor, der im Antlitz schon als göttlicher Wille, in Demut hingenommen, verklärt erscheint. Diese Maria gehört zu den wenigen gefaßten und so erhaltenen Werken aus des Meisters Werkstatt, der sich hier, wo man – vermutlich im Chorbogen – mit einer Betrachtung aus größerer Entfernung und beträchtlicher Höhe in ungünstigem Licht rechnen mußte, dem überkommenen Verlangen nach Farbe nicht verschloß.

Der Annen-Kult hatte sich seit der Mitte des 15. Jahrhunderts rasch und weit verbreitet; der berühmte Würzburger Schottenabt Trithemius gehörte, wie Conrad Celtis und auch Erasmus von Rotterdam, zu seinen besonderen Förderern, und ihr Bild war überall zu finden. Die
80 Gruppe der Hl. Anna Selbdritt, im prachtvoll warmen Ton des natürlich patinierten und gewachsten Lindenholzes, enthüllt in dem rührend innigen Beieinander dreier Generationen eine holde Sentimentalität; sie zeigt noch am besten – was aber auch andere Figuren oft noch erkennen lassen – daß Riemenschneider seinen ungefaßten Werken lediglich die Augensterne, Brauen und Lippen mit einer leichten Lasur einzutönen pflegte, um den Ausdruck des Gesichtes zu steigern. Diese Farben sind ohne Grundierung und Schichtbildung direkt aufgetragen. Hier ist auch eine weitere Besonderheit des Meisters deutlich erkennbar: er läßt die Augenachsen divergieren, gibt jedem Auge verschiedene Blickrichtungen; so kann der Beschauer den Blick nicht zwingen; dieser träumerische, kommendes Leid vorausahnende Blick im Antlitz seiner Gestalten ist ein wesentliches Moment ihres seelischen Lebens.

87 Die Sandsteingruppe der Hl. Anna Selbdritt, einst für das Kitzinger Nonnenkloster geschaffen, erblüht mit aller behaglichen Freude des fortschreitenden neuen Jahrhunderts an plastischer Körperlichkeit. Sie hat wohl ein gemeinsames Vorbild graphischer Art mit Veit Stoßens bis in die Details hinein ganz gleicher Selbdritt-Gruppe für die Wiener Annenkirche. Zahlreich sind diese Annenbilder – scheinbare Gruppen, bei denen aber Maria und das Christkind im ikonographischen Sinne nur als Attribute der Hl. Anna zu werten sind – aus des Würzburger Meisters Werkstatt als Zeugnisse der neu aufgelebten Verehrung für die Mutter Mariens hervorgegangen.

Von einem zu irgendeiner Zeit zerstörten großen Sippenaltar aus des Meisters späteren Jahren sind figurenreiche Fragmente von besonderer Schönheit auf der Harburg a.d. Wörnitz, in Berlin und London übriggeblieben, Gruppen von großartiger, fast dramatischer Gestaltung; von einem gefaßten Sippenaltar aus des Meisters Werkstatt stammen kleinere, farbige Halbreliefgruppen in Würzburg.

Aus dem zur Barockzeit zerstörten Würzburger Domhochaltar von 1508/10 kamen, wie schon erwähnt, die Büsten der Frankenapostel damals ins Neumünster, wo sie 1945 verbrann-
78 ten; der Hl. Kilian war mit seinem, aus schmerzlicher Erfahrung und verzeihender Milde geprägten Antlitz, wie in dem melodischen Umriß der ehrwürdigen Gestalt mit Mitra, Stab und aufrecht gestelltem Märtyrerschwert – nicht Gerichtsschwert oder Herzogsschwert, wie man gelegentlich liest – geradezu ein Sinnbild und Wahrzeichen für die Bischofsstadt am Main.

Trauernde Maria aus Acholshausen. Würzburg, Mainfränkisches Museum

Ähnlicher Herkunft mag die in ihrem stillen Schmerz ergreifende Gnadenstuhl-Gruppe sein, die 89
jetzt in Berlin steht.

Den ganzen Zauber einer von vornherein beabsichtigten alten Fassung besitzt die Büste der
Hl. Afra in München, die aus einem Würzburger Nonnenkloster stammt; sie strahlt allen 84
Liebreiz und Frohsinn aus, mit dem der Meister seine weiblichen Geschöpfe bedenken konnte.
Ganz im Gegensatz dazu klingt die schmerzliche Trauer und das stille Dulden in der kostbar
gefaßten Statue des Hl. Märtyrers Sebastian dort auf. Diese schlanke, fast hagere Gestalt ist in 85
vielem noch ein Gewächs der bewegungsfreudigen Spätgotik, aber das lockenschwere Haupt
spricht von des Meisters früh vollendeter hoher Kunst in der Darstellung verklärten Leides.

Der viel spätere Würzburger Sebastian mit seinen hilflos gefesselten Händen ist menschlich 82
ergreifend in dem von Schmerz und mutigem Entsagen spannungsvoll erfüllten Antlitz des
schuldlos Gepeinigten; es klingt da so viel Persönliches auf als Mitgift des Schöpfers, daß man
vor den blutgeschwollenen, edlen Händen dieses Dulders glauben möchte, der Meister habe
vorausahnend sein eigenes Leiden dargestellt. Diesen Händen hat der Künstler jene Intensität 83
der schmerzvollen Aussage vor allem zugedacht, die als Abbild übermenschlichen Schmerzes
auch die gläubig gefaßten Züge des Gesichtes noch spürbar durchbricht.

Wie anders dagegen der Täufer Johannes in Haßfurt, ein Prediger voller Eifer und Tatkraft 14
aus der Frühzeit der späten achtziger oder beginnenden neunziger Jahre, und wie ganz anders
der Evangelist Johannes aus der Rhön, jetzt im Würzburger Museum, der still versonnen die 76
innige Gläubigkeit der Creglinger Apostel aus des Meisters reifer Zeit teilt. Die charakteristi-
sche und durch eine staunenswerte Meisterschaft gesteigerte Bedeutung der Oberfläche
entfaltet sich in feinster Nuancierung auf dem seidig zarten Ton des Lindenholzes; dessen
ursprüngliche Helligkeit ist etwa bei diesem Johannes noch am besten erhalten, wenn auch hier
nicht ungestört, weil man diese Plastik, wie die meisten überhaupt, erst in diesem oder im
letzten Jahrhundert wieder von einem nachträglichen Anstrich befreit hat.

Im vollen Reiz melodischen Mienenspiels lebt, himmlischen Träumen mit holder Schwermut 77
hingegeben, die Patronin der Bergleute und der Sterbenden, St. Barbara in München.
Schmerzlich bedrückt seufzt mit halb geöffnetem Munde St. Jacobus, jetzt im Münchner 91
Museum, nach vollbrachter Wanderschaft, ermüdet von der Bürde des Apostelamtes.

Das Würzburger Holzrelief des Hl. Stephanus dürfte aus einer Altarpredella stammen; 90
äußerlich fast ungewandt gibt sich der sitzende Heilige im Halten seiner Attribute, des Buches
und der Steine; seelisch ist er ein einsames Individuum geworden, nicht mehr geborgen in
mittelalterlicher Gemeinschaft. Dieses Alleinsein, das keine Gebärde mehr kennt, wirkt
ergreifend; es ist, als ob der alternde Riemenschneider jene besinnliche Muße der letzten
Stunden schildern wollte, die von dem sicheren Bewußtsein begleitet ist, daß alles Geschehen in
Gottes Hand liegt. Der menschliche Eindruck ist so gewaltig, daß man äußerliche Mängel nicht
bemerkt, das innere Erlebnis überstrahlt die mißachtete Körperlichkeit.

Diese ausdrückliche Verachtung des wirkungsvollen Effekts, vereint mit dem unerbittlichen
Verzicht auf die breite Darstellung des Gegenständlichen, wäre wohl unerträglich geworden,
wenn sie nicht eben durch die bis dahin ganz ungeahnte Vertiefung im seelischen Bereich
ausgeglichen würde. Das anonyme Gesicht des Mittelalters weicht im Aufbruch der Neuzeit
der unvergeßlichen Persönlichkeit, die nun ein individuelles Schicksal besitzt. Der schützende
Mantel der mittelalterlichen Gemeinschaft gleitet herab, und Riemenschneiders Gestalten
treten in diesem Sinne schon als Menschen des neuen Jahrhunderts vor den Beschauer.

Die Liebe des Betrachters aber entzündete sich wohl einst, wie heuer wieder, an solchen Geschöpfen, die ihm ein gewisses Mitleiden zugestehen und ihn dadurch in den engsten, persönlichen Kreis der Dargestellten hineinlassen; so auch der Stuttgarter Jacobus.

88

★

Tilman Riemenschneider hat als der empfindsamste unter den Bildhauern der Spätgotik die damals bevorzugten Themen der Passion mit besonderer, innerer Anteilnahme oftmals durchdacht und ausgeführt. So tritt auch die Beweinung vielfach in den Werken des Meisters und seiner Werkstatt auf. Ein kleines Holzrelief im Wagner-Museum in Würzburg zeigt, wie er sehr früh einmal seine Gedanken darüber gestaltet: die drei Hauptfiguren genügen ihm, die er in einem gemeinsamen Bewegungsrhythmus zusammenfügt. Die Gruppe ist wenig räumlich, sondern viel eher flächig empfunden, so daß man sie mit einem Holzschnitt vergleichen oder sich einen solchen als Vorlage denken könnte. Die zarte Melodie der Linie trägt jene Trauerstimmung, die über der Szene waltet, und ihr Grundzug ist schmerzliches Ertragen. Die dreimal betonte Rechtsneigung ist wie ein Symbol der eindringlichen Klage, welche die zarten Seelen ganz erfüllt.

Zu den drei Hauptgestalten gesellt sich auf dem Epitaph in St. Laurentius zu Würzburg-Heidingsfeld von 1508 noch Maria Magdalena. Auch ihre Figur ordnet sich dem Linienspiel ein, viermal klingt jetzt, fast überdeutlich, dieses Motiv der Rechtsneigung auf. Die ernste Trauer des kleinen Holzreliefs ist hier zu rührender Klage geworden: kein Wunder, daß eben diese Komposition besonders volkstümlich wurde; sie ist in mehreren alten Wiederholungen bis auf unsere Zeit gekommen. Eine besonders eindrucksvolle Beweinung Christi mit Begleitfiguren besitzt die Sammlung Roselius (Böttcherstraße) zu Bremen.

Eine eigene Reihe bilden die vielfigurigen und im Format größeren Beweinungsgruppen; die älteste, farbig gefaßte, steht in Hessenthal bei Mespelbrunn im Spessart. Sie zählt, statt ursprünglich wohl sieben, heute nur noch sechs unterlebensgroße Figuren. In der Barockzeit zwischen den Säulen eines neuen Altares verteilt, neu gefaßt und also zerrissen, konnte sie jüngsthin wenigstens für ein paar Jahre in ihrer alten Gruppierung aufgestellt werden, ist nun aber leider wieder dem dekorativen Geschmack geopfert worden. Der Leichnam Christi ist hier noch ungewinkelt und liegt schräg ausgestreckt auf Mariens Schoß; links kniet in modischem Gewand Josef von Arimathia, dessen Antlitz bereits die Strahlkraft eines Münnerstädter Evangelisten besitzt; rechts am Boden dann Simon von Kyrene, in Typ und Tracht auch schon vom Sippenaltar auf der Harburg bekannt. Dieser Gruppe fehlt mindestens die Gestalt Johannis in der linken Hälfte, die wohl bereits in der Barockzeit verloren ging: die rechte Seite beherrscht mit großer Geste Nikodemus, und die zierliche Magdalena schließt sie ab. Die Komposition ist, vor allem wegen des steifliegenden Körpers Christi, noch nicht so glatt und fließend.

In diesem Sinne führt die insgesamt eng verwandte, jetzt nur noch achtfigurige Beweinungsgruppe zu Großostheim bei Aschaffenburg wesentlich weiter. Des Meisters Tätigkeit im mainzischen Oberstift ist bekannt durch eine neuerdings archivalisch nachgewiesene, aber leider längst verschollene Marienstatue in der Aschaffenburger Stiftskirche sowie ein Kruzifix, das wohl nach Berlin kam und durch die Großostheimer Selbdritt in Würzburg. Freilich ist der Corpus immer noch gestreckt, aber doch in ganzer Länge zum Beschauer hin angehoben, so daß

80

der Arm ganz locker herabfällt und das Gesicht sich zum Betrachter hinneigt. Josef von Arimathia ist offenbar ein Bruder des Hessenthalers, dessen Tracht er noch trägt, um den modisch geschlitzten Rock und die vorn gerundeten Schuhe bereichert, die Vorläufer der „Kuhmäuler". Simon von Kyrene gehört zu den unvergeßlichen Greisengestalten des Meisters, die von Windsheim bis Maidbronn wiederkehren. Leider fehlen auch hier ein oder sogar zwei Figuren. Durch die kürzliche Freilegung von späteren deckenden Anstrichen ist die ganze Feinheit der Schnitzerei erst wieder richtig erkennbar geworden, die dieser Gruppe zu neuem Ruhm verholfen hat.

Keine Reste solcher Beweinungsgruppen, sondern selbständige Andachtsbilder sind wohl meist die Vesperbilder, von denen das schöne in der Würzburger Franziskanerkirche, ein anderes in Berlin genannt seien; bedeutend auch das kürzlich freigelegte Vesperbild in Laufach im Spessart und die 1964 aus dem Ausland erworbene Pietà im Mainfränkischen Museum.

102
101
109 – 115

In der Maidbronner Beweinung hat Riemenschneider nach Form und Inhalt die momumentale, reife und endgültige Form gefunden; so ist das gegen die Mitte der zwanziger Jahre entstandene Werk als sein letztes großes auch ein künstlerisches Vermächtnis des Meisters geworden, den 1526 vollendeten Aposteln Dürers in mehr als einer Beziehung vergleichbar. Diese Beweinung in der stillen Klosterkirche im Pleichachgrunde unweit Würzburgs ist nun ihrem eigenen Wesen nach wirklich ein letztes Werk, nicht nur des Meisters, sondern auch der Zeit; es ist von einer vorher und nachher nicht wieder erreichten Innerlichkeit und echten Größe des Gefühls beseelt. Ihr ursprünglicher Platz war wohl die Grumbach'sche Grabkapelle an der Pfarrkirche zu Rimpar; im frühen 17. Jahrhundert ist vermutlich die Überführung in die alte Grumbach'sche Grablege zu Maidbronn erfolgt, wo die Kirche, nach Untergang des Klosters, zur Filiale von Rimpar geworden war. Die urkundlich nicht beweisbare Zugehörigkeit zum Lebenswerk des Bildhauers ist so augenfällig, daß sie – schon 1836 behauptet! – noch nie angezweifelt wurde.

Die Klage Mariens um ihren toten Sohn erschien den früheren Zeiten seit der hohen Gotik als das reinste Sinnbild der Trauer. Dem Gläubigen war der Anblick des Opfertodes Christi die Gewißheit des Auferstehens; das Beispiel des freiwillig für die Welt übernommenen Leidens erfüllte ihn mit Dankbarkeit und Hoffnung. Nie sind die heiligen Gestalten dem Volke innerlich näher erschienen als hier, im Anblick ihres eigenen, menschlichen Unglücks; wer einen lieben Toten begrub, der fand in der trauernden Mutter mit ihrem Sohne die verstehende Gefährtin im Leiden. Die Stunden des größten Kummers wurden vor diesem Andachtsbilde Stunden des Trostes und der Hoffnung.

Es war damals jedermann verständlich und auch in seinen Einzelheiten vollkommen gegenwärtig durch die geistlichen Schauspiele. Aus dem Ritus der Gottesdienste im hohen Mittelalter allmählich herausgewachsen, waren sie seit dem 13. Jahrhundert weit verbreitete Veranstaltungen, zunächst im Rahmen der Kirche selbst, später auch auf eigenen Spielplätzen. Durch allerlei Zutaten wurde das in den Evangelien Überlieferte ausgeschmückt und damit auch dramatisiert. Die Texte solcher Osterfeiern, Weihnachts- und Passionsspiele, haben sich an verschiedenen Orten erhalten. Mit der Entwicklung des Marienkultes hat die Klage der Mutter um den toten Sohn im Rahmen der Passion bald eine bevorzugte Stelle eingenommen und schließlich ja mit einer besonderen Szene, der Pietà, in der bildenden Kunst sogar zu einer ikonographischen Neuschöpfung geführt. Kein Zweifel, daß diese Schauspiele einen Bildhauer oder Maler anregen mußten; ja einem solchen mochte sich bei gewissen Gruppen, etwa der

Marienklage oder der Beweinung, der Weg vom lebenden Bild zum gemeißelten oder gemalten Bild geradezu aufdrängen.

Das über zwei Meter hohe Relief zeigt eine figurenreiche Gruppe von zehn unterlebensgroßen Gestalten; fünf Frauen und vier Männer haben sich zu Füßen des Kreuzes versammelt, teils im Dienste am Leichnam des Herrn beschäftigt, teils in tiefer Trauer um den Toten versunken. Die Berichte der vier Evangelisten, bereichert durch die Zutaten der spätmittelalterlichen Legende, haben dem Meister den Stoff für das dargestellte Geschehen an die Hand gegeben.

Es sind nur vier Personen, die in den Evangelien namentlich als Teilnehmer der Grablegung genannt werden: die beiden Marien, Josef von Arimathia und Nikodemus. Riemenschneider gesellt ihnen noch fünf weitere hinzu: Maria, die Mutter Christi, nach dem Willen der Legende, die seit dem 14. Jahrhundert das Leben Mariens mit innigem Eifer ausschmückte, sowie zwei klagende Frauen aus dem Gefolge Josefs und zwei Männergestalten. Von ihnen gibt sich die eine, jugendlichere mit dem Lockenkopf, als Johannes zu erkennen, den die Legende seit Christi Tod nicht von der Seite Mariens weichen läßt, und der ja nach dem Johannis-Evangelium schon bei der Kreuzigung zugegen war.

So zufällig und dann doch der Handlung entsprechend das Beieinander der Trauernden auch erscheint, es ist wohlüberlegt. Die Hauptgruppe besteht aus Maria, Josef von Arimathia und dem toten Christus, nach oben schließt Nikodemus sie zu einem ruhig gebauten Dreieck zusammen, und das hochragende Kreuz gibt ihr, auch im übertragenen Sinne, die wesentliche Bedeutung. Als nächster steht Johannes, der Lieblingsjünger Christi, bei dieser zentralen Gruppe, im wörtlichen Sinne in sie eingreifend und ihre Abgeschlossenheit mildernd; links dagegen verläuft die Grenze durch eine betonte Schattenschlucht vom Kreuze herab über des Nikodemus Schulter und Josefs Rücken in die linke vordere Bildecke aus. So entsteht eine andere Zusammenschau, die sich in ihren Umrissen über die zuerst beschriebene Gruppe legt, nun mit fünf Gestalten aufgebaut: Josef und Maria mit dem Leichnam und darüber Nikodemus und Johannes. Ganz absichtlich ist damit auch ein allzu entschieden geometrischer Aufbau zum Vorteil der lebendigen Darstellung vermieden, die eben dadurch im Werden und in der Bewegung bleibt und nicht erstarrt.

Das Echo der Trauerstimmung klingt aus der Tiefe von den beiden klagenden Frauen zurück, die aus dem räumlich am entferntesten gelegenen Bereich hervorblicken und ihn gewissermaßen grundrißmäßig abstecken. Ihre Gegenwart füllt die Lücke zu Füßen der Schächerkreuze und verbindet die Hauptgruppe wiederum mit den rahmenden Gestalten, die sich – erfüllt von dem grenzenlosen Leid – mit ihrer Klage abwenden. Es ist ein kühnes Motiv, dieses Abwenden der Eckfiguren, das den Zusammenhang der Gruppe sprengen würde, wenn nur äußerliche Form sie zusammenhielte. So sind sie aber, wie die festen Themen einer Orgelfuge, die rahmenden Pfeiler der ganzen Komposition, der stimmungsmäßige Untergrund, aus dem die Melodie des Leides herauswächst und sich in einer letzten Zwiesprache zwischen Mutter und Sohn vollendet.

Die lautlose stille Handlung, in die das imposante Greisenhaupt des Simon von Kyrene hineinschaut, ist von den stärksten Ausbrüchen der Trauer umgeben. Im natürlichen Gefühl des Schmerzes, das die beiden Frauen ergreift, finden sie sich mit den beiden Klagenden, die im Hintergrunde die eigentliche Beweinungsgruppe rahmen. So schließt sich diese inmitten der Weinenden zusammen und wächst im Dienst am Toten hinauf zu jener Ergriffenheit und tiefen

Trauer, die keines vernehmlichen Zeichens mehr bedarf, deren Kennzeichen das Stillewerden ist.

Es ist einleuchtend, daß der Meister das große Relief nicht selbst vollkommen eigenhändig ausarbeitete. Er behielt sich das Hauptstück, die Figurengruppe, vor, während er die oberen Partien mit den Kreuzen, den gefiederten Engeln und der Landschaft einem bewährten Gesellen anvertraute, der schon am Grabmal des Bischofs Bibra beim Rahmen mitgeholfen hatte. Dieser obere Teil der Beweinungstafel gleicht einem großen Klangkörper, in dem die Vielzahl der unten eingeschlagenen Akkorde zusammenströmt und sich in orchestralem Zusammenhang zu einer Trauersymphonie vereinigt, die, vom Irdischen gelöst, in der Sphäre rein ertönt.

Riemenschneider verzichtet nun, am Ende seines tätigen Lebens und Schaffens, auf alles Beiwerk, das ihm früher noch wesentlich erschien. Die neumodische Zierart der Renaissance: Baluster, Laubgewinde, Putten und Fruchtgehänge, wie sie am Grabmal des Fürstbischofs Lorenz von Bibra so reichlich verwendet wurden, interessieren ihn jetzt nicht mehr. Auch auf die verunklärenden Bewegungsrhythmen verzichtet er; das verschlungene Netz des spätgotischen Bildgefüges und die ornamentale Fülle zierfreudiger Frührenaissance entwirren sich zu einer ruhigen, geradezu klassischen Klarheit der Linien und größeren Plastik aller Formen; sie weiß sich frei von jeder manieristischen Neigung, wie sie eben in diesen Jahren, oftmals schon wildbewegt, sich kundtat.

Es entspricht der Eigenart Riemenschneiders, daß der wesentliche Eindruck der Gestalten vor allem wieder von den Köpfen bestimmt wird; das Antlitz ist ihm hier als Träger seelischer Stimmung die Hauptsache, ihm wendet er alle Aufmerksamkeit zu, während die früher noch stärker hervortretenden Gewänder nicht mehr in so unmittelbarer Weise durch ihre Formensprache auffallen und mitwirken.

Was Riemenschneider als Künstler leistet, beweist am besten der Körper Christi, der mit einem Können modelliert ist, dem technische Schwierigkeiten oder solche des Materials schlechthin gar nichts mehr bedeuten. Der Naturalismus, der gern als Auflösung und Ende des sterbenden Stiles auftritt, ist hier von Ehrfurcht verklärt. Mit wie feinfühliger Zartheit ist dieser Akt gestaltet und modelliert, wie kostbar, elfenbeingleich, spricht dieser Körper in ohnmächtigem Gelöstsein gegen die angespannte Energie Josefs, wie überzeugend wirkt das glatte Rund des kraftlosen Leibes gegen die faltigen Flächen der Gewänder! Leidvolles Erinnern und friedliche Ruhe verrät das herabgesunkene Haupt.

Zu den Nächstbeteiligten tritt Nikodemus hinzu, dessen Gespräch mit Jesus im 3. Kapitel des 112
Johannis-Evangeliums festgehalten ist und der zur Bestattung seinen Teil durch das Geschenk der kostbaren Spezereien beiträgt. Neben der im Bildaufbau bevorzugten Stellung zu Füßen des Kreuzes hebt ihn auch sein Gewand aus der Schar der Gestalten heraus, trägt er doch auffallenderweise zeitgenössische Kleidung. Als die Beweinungstafel vor reichlich hundert Jahren zum ersten Male wieder beachtet und beschrieben wurde, hat man in diesem Gesichte ein Selbstbildnis Riemenschneiders erkennen wollen und damit ganz zweifellos auch das Richtige getroffen. Es ist ein Sechziger, der hier steht, und er wurde ganz recht als „alter Mann" beschrieben – kein Dreißiger und deshalb nicht des Meisters Sohn, wie man gelegentlich auch einmal gemeint hat – unverkennbar an den deutlichen Falten neben der Nase, wie sie auch Schaumberg als Altersmerkmal besitzt, und der schon etwas eingefallenen Oberlippe.

Til Riemenschneider legt, als Ratsherr Würzburgs und als ein Meister gottgeweihter Kunst, mit seinem Werk ein Bekenntnis ab und reiht sich in der Gestalt des nicht zu den Heiligen wie etwa Johannes, Maria und Magdalena gehörenden Nikodemus in die nächste Umgebung derer ein, die jetzt dem toten Heiland dienen wollen. Wie der Nikodemus des Evangeliums – in den ersten nachchristlichen Jahrhunderten mit einem apokryphen Evangelium in Verbindung gebracht und als 13. Apostel angesehen – Kostbarkeiten bringt, um den Toten zu ehren, so stellt der Meister sein Höchstes, sein von Gott verliehenes Künstlertum, in den Dienst Christi und erlangt damit das Recht, sich voll Ehrfurcht den heiligen Gestalten zu nähern. Feinfühliges Wesen strömt aus diesem Gesicht, freundliches Verständnis aus den Augen, wie denn überhaupt ein Zug von Milde und Güte den Haupteindruck des in seiner schlichten Innigkeit unvergeßlichen Antlitzes ausmacht.

Neben der stillen und hilfsbereiten Trauer des betagten Josef lebt die stärkere Entschlossenheit des noch jugendlichen Evangelisten. Von Kummer überschattete Gefaßtheit spricht aus den energischen Zügen um Mund und Nase, vor allem aus den im inneren Winkel hochgezogenen Brauen; reiches Lockenhaar rahmt, fast bis auf die Schultern herabfallend, das Haupt. Es ist der zum Manne gereifte Adam aus der frühesten Zeit des Meisters, der uns hier, am Ende der Arbeit, wieder begegnet.

Über Christus und den Trauernden aber ragen die drei Kreuze auf und recken in einsamer Höhe ihre Balkenarme gewaltig in die Tiefe des abenddunklen Himmels als Werkzeuge und Sinnbilder des göttlichen Willens.

Kaiser Heinrich II. und Kaiserin Kunigunde, deren Grabmal Riemenschneider 1499 begann,
mit dem Bamberger Dom. Holzschnitt. 1491

ZU DEN BILDERN

1-12. *Ehemaliger Hochaltar der Pfarrkirche zu Münnerstadt* (Landkreis Bad Kissingen); 1490-1492; in der
Barockzeit wiederholt verändert, 1831 teilweise verschleudert. Neuaufstellung der verbliebenen Figuren ist
1980 in einem modernen Gerüst-Schrein am originalen Platze im Chor erfolgt unter Verwendung der am
Ort verbliebenen Originale sowie von modernen Holzkopien der Mittelgruppe und der Apostel (von
Bühner), jedoch nicht der Reliefs in München und Berlin.

1 und 3. Hl. Maria Magdalena, einst Hauptfigur des Schreins; Lindenholz, ungefaßt, 186 cm hoch. Jetzt
München, Bayerisches Nationalmuseum. 2. Hl. Elisabeth, einst linke Nebenfigur im Schrein des
Hochaltares; Lindenholz. Spätere Fassungen kürzlich entfernt. Jetzt auf dem Hochaltar. Münnerstadt,
Pfarrkirche. 4. Christus erscheint Maria Magdalena am Ostermorgen, einst unteres Relief des linken
Flügels; Lindenholz, ungefaßt, 143,5 cm hoch. Jetzt Berlin, Skulpturengalerie. 5. Gastmahl im Hause des
Simon, einst oberes Relief des linken Flügels, Lindenholz, ungefaßt, 143,5 cm hoch. Jetzt München,
Bayerisches Nationalmuseum

6. *Letzte Kommunion der Hl. Magdalena durch Bischof Maximin*, einst oberes Relief des rechten Flügels.
Kürzlich freigelegt. Lindenholz. 143,5 cm hoch. Münnerstadt

7. *Grablegung der Hl. Magdalena*, einst unteres Relief des rechten Flügels. Kürzlich freigelegt. Lindenholz. 143,5 cm hoch. Münnerstadt.

8-11. *Die vier Evangelisten Matthäus, Johannes, Markus und Lukas*, z.T. mit ihren Symbolen einst in der
Predella des Altares; Lindenholz, ungefaßt, 72 bis 78 cm hoch. Jetzt Berlin, Skulpturengalerie

12. *Hl. Kilian*, Seitenfigur im Schrein des Hochaltars. Lindenholz. Freigelegt. Münnerstadt. Gegenstück
zu 2.

13. *Hl. Laurentius.* Lindenholz. 132 cm hoch, ohne Fassung. Rest eines Altares mit 2 weiteren Figuren. Großlangheim (Landkreis Kitzingen), Antonius-Kapelle.

14. *Hl. Johannes d. Täufer,* aus einem verlorenen Altar; um 1490. Lindenholz, ungefaßt, Höhe 180 cm. Haßfurt a. M., Pfarrkirche.

15. *Hl. Maria mit Kind,* aus einem verlorenen Altar; Lindenholz, jüngst von Übermalungen und späteren Fassungen befreit; das Christkind verändert. Haßfurt, Pfarrkirche.

16. *Christus am Kreuz,* um 1500. Lindenholz. Corpus 178 cm hoch. 1977/79 restauriert nach Freilegung. Vielleicht aus Kloster Oberzell bei Würzburg. Eisingen bei Würzburg, Pfarrkirche.

17-21. *Portal- und Strebepfeilerfiguren von der Marienkapelle in Würzburg, jetzt im Mainfränkischen Museum, Würzburg.*
(Vier Figuren im Dom). An der Kirche wurden Adam und Eva in den letzten Jahren durch Steinkopien (von Bildhauer Singer), die Apostel dagegen im Steingußverfahren als Kopien aufgestellt, so daß alle Nischen wieder besetzt sind.
17 und 18. Adam vom Marktportal der Marienkapelle; 1493, grau-grüner Sandstein, 189 cm hoch.
17 und 19. Eva vom Marktportal der Marienkapelle; 1493, grau-grüner Sandstein, 186 cm hoch.
20, 21. Die Apostel Paulus und Philippus, ehemals an zwei Strebepfeilern der Marienkapelle; 1500 bis 1506; grau-grüner Sandstein, 195 cm hoch.

22. *Hl. Maria mit Kind;* um 1510. Lindenholz, ungefaßt, Höhe 121 cm, Würzburg.
Wagner-Museum der Universität.

23. *Hl. Maria mit Kind,* Sandstein, 182 cm hoch, jetzt ohne Fassung, nach Beseitigung der Brandschäden von 1945 getönt. Würzburg, Neumünster.

24-27. *Apostelfolge aus einem verlorengegangenen Altar aus der Marienkapelle zu Würzburg,*
20-23. Die Apostel Matthias, Thomas und Andreas; Lindenholz, ungefaßt, 54 – 60 cm hoch. Jetzt München, Bayerisches Nationalmuseum.

28. *Hl. Maria mit Kind,* im Wolkenland (dahinter ursprünglich Strahlenkranz); originale Fassung. Lindenholz, 98,5 cm hoch. München, Bayer. Nationalmuseum. [▷ Farbtafel nach Seite 8.]

29. *Christus Salvator vom ehemaligen Domhochaltar in Würzburg; um 1510.*
Lindenholz, ungefaßt, 103 cm hoch. Jetzt Biebelried bei Würzburg, Pfarrkirche.

30-47. *Grabmäler*

30. *Grabmal des Ritters Eberhard von Grumbach,* gestorben 1487. Grau-grüner Sandstein, 215 cm hoch. Rimpar (Landkreis Würzburg), Pfarrkirche.

31. *Grabmal der Elisabeth Stiebar v. Buttenheim,* gestorben 1507, Tochter des Eberhard v. Grumbach. Sandstein, lebensgroß, 219 cm hoch. Die Bekrönung fehlt. Buttenheim (Landkreis Bamberg) Pfarrkirche. Dort auch das Grabmahl des Ehegatten aus Riemenschneiders Werkstatt.

32. *Grabmal des Hofmarschalls Ritter Konrad von Schaumberg,* gestorben 1499. Grau-grüner Sandstein; der Sockel fehlt; Figur 160 cm hoch, mit den Löwen 201 cm, Würzburg, Marienkapelle.

33. *Grabmal der Gräfin Dorothea von Wertheim,* verwitwete Landgräfin von Leuchtenberg, geb. Gräfin von Rieneck; gestorben 1503. Grau-grüner Sandstein, ursprünglicher Aufsatz fehlt. Grünsfeld (Main-Tauberkreis), Pfarrkirche.

34; 36: *Grabmal des Fürstbischofs Rudolf von Scherenberg*, gestorben 1495: Entstanden 1496 bis 1499: Platte: Salzburger Marmor, Rahmen und Baldachin: Sandstein: Gesamthöhe 400 cm: Höhe der Gestalt 200 cm: Freilegung der Farbreste und Aufstellung am neuen Platz auf der Nordseite des Langhauses beim 1967 vollendeten Wiederaufbau des Domes: Würzburg, Domkirche St. Kilian: [▷ Farbtafel nach Seite 24:]

35; 37: *Grabmal des Fürstbischofs Lorenz von Bibra*, gestorben 1519: Entstanden 1516 bis 1522: Platte: Salzburger Marmor, Rahmen und Baldachin: Sandstein: Gesamthöhe jetzt 490 cm: Höhe der Gestalt 200 cm: Würzburg, Domkirche St. Kilian: Neuaufstellung wie Nr. 31:

38-47: *Grabmal des Hl. Kaiserpaares Heinrich und Kunigunde:* 1499 bis 1513; Material Solnhofer Marmor, der Sockel Sandstein; 143 cm breit; 243 cm lang; 172 cm hoch: Bamberg, Domkirche:

38: Das Grabmal in der bisherigen Aufstellung im Mittelschiff des Domes, da am neuen Platz zu Füßen des Ostchores schlecht zu fotografieren: Auf der westlichen Stirnseite der Tod des Kaisers, auf der südlichen Langseite St. Michael als Seelenwäger und die Steinheilung: Höhe der Reliefs 82 cm:

39: Nördliche Langseite mit dem Gottesurteil und dem Schüsselwunder: 40: Deckplatte mit den lebensgroßen Gestalten des Hl. Kaiserpaares: 41: und 42: Die Steinheilung:43 bis 47 Details aus den Reliefs:

48-53: *Heiligblutaltar der St. Jakobskirche zu Rothenburg ob der Tauber; 1501 bis 1504:*

Der Altar wurde 1963-65 gründlich restauriert und durch Entfernen der dunklen Anstriche zu einem dem gealterten Lindenholz entsprechenden Honig-Ton aufgehellt; die Feinheiten der Schnitzarbeit jetzt erstmals wieder deutlich erkennbar: Neuaufstellung am originalen Platze auf der Empore der Hl. Blut= Kapelle am Westende der Kirche:

48; 49: Der geöffnete Schrein mit Sarg und Gespreng: Gesamthöhe des Aufbaues etwa 900 cm; Höhe der Apostel etwa 100 cm; Lindenholz, ungefaßt: 49: Der Schrein mit der Abendmahlsgruppe:

50: Die linke Hälfte der Abendmahlsgruppe im Schrein, teilweise freigelegt: obere Reihe: Jacobus d. Ae.; Petrus; Christus; darunter Bartholomäus; untere Reihe: Andreas, Jacobus d. J.; im Schoße Christi: Johannes: 51 Die rechte Hälfte der Abendmahlsgruppe im Schrein nach der Freilegung: 52: Details aus den Gruppen; nach der Freilegung: 53: Einzug Christi in Jerusalem; Relief des linken Flügels:

54-64: *Marienaltar der Herrgottskirche bei Creglingen an der Tauber; um 1505 bis 1510:* Lindenholz, ungefaßt; Höhe total über 9 m:

54: Gesamtansicht des Altars: Höhe des ganzen Aufbaus mit Mensa über 900 cm: 55: Gesamtansicht des Schreines: 56: Verkündigung Mariä; oberes Relief des linken Flügels: 57; 58; 59; 60: Details aus dem Schrein: 61: Apostelgruppe aus dem Schrein: 62: Apostel Philippus aus dem Schrein: 63: Selbstbildnis Riemenschneiders aus dem Creglinger Altar; um 1505: In der Predella unten rechts aus der Gruppe „Der zwölfjährige Jesus im Tempel": 64: Der Hohepriester aus dem Relief der „Darstellung im Tempel":

65-67: *Zwei Gruppen eines ehem. Hl. Kreuzaltars; um 1490:*

66: Hl. Maria aus der linken Gruppe mit den klagenden Frauen und Johannes unter dem Kreuz: [▷ Farbtafel nach Seite 16:]

65; 67: Die rechte Gruppe mit dem Pharisäer: Lindenholz, gefaßt: Jetzt Schloß Harburg a. d. Wörnitz, fürstl. Öttingen'sche Sammlung (früher Maihin= gen): Teile des sog. Wiblinger Altars:

68-71. *Hl. Kreuzaltar in Detwang (Stadt Rothenburg); um 1510 bis 1513. Aus der ehem. St. Michaelkapelle in Rothenburg o.T. Lindenholz, ungefaßt.*

68. Die klagenden Marien aus der linken Gruppe aus dem Kreuz. 69. Der Schrein im jetzigen Zustand. Lindenholz, ungefaßt, beim Umtransport 1653 verändert. 70. Hauptmann aus der rechten Gruppe unter dem Kreuz. 71. Evangelist Johannes aus der linken Gruppe unter dem Kreuz.

72-75. *Apostelaltar aus der Stadtkirche Windsheim (Mittelfranken); 1507 bis 1509.*

Christus, die Apostel Jacobus d.Ä., Johannes und Andreas; Lindenholz, jetzt wieder ohne Fassung, Höhe der Figuren 92 bis 94 cm. Jetzt Heidelberg, Kurpfälzisches Museum. Eine Kopie des ganzen Altares in Holz wurde von Bildhauer Ant. Joh. Rausch, Würzburg, angefertigt und 1969 in Windsheim aufgestellt.

76-116. *Verschiedene Werke.*

76. *Hl. Johannes Evangelist,* wohl aus einem verlorenen Altar; um 1505: Zuletzt als Hausfigur in Brüchs/ Rhön. Lindenholz, ungefaßt, Höhe 80 cm. Jetzt Würzburg, Mainfränkisches Museum.

77. *Hl. Barbara,* aus einem verlorenen Altar; um 1515. Lindenholz, ungefaßt, Höhe 133 cm. Jetzt München, Bayerisches Nationalmuseum.

78. *Hl. Kilian,* lebensgroße Büste aus dem ehem. Hochaltar des Würzburger Domes; 1508 bis 1510. Lindenholz, gefaßt. Würzburg, Neumünsterkirche (ca. 1700); 1945 verbrannt.

79. *Hl. Burkard,* unterlebensgroße Büste, Lindenholz ohne Fassung. Vorher u.a. Sammlung Sattler, Schloß Mainberg; jetzt Washington D.C., National Gallery of Art.

80. *Hl. Anna Selbdritt;* um 1500. Lindenholz, ungefaßt, Höhe 78 cm. Aus Grossostheim bei Aschaffenburg. Würzburg, Mainfränkisches Museum.

81. *Hl. Anna;* vom ehem. Annenaltar der abgebrochenen Marienkapelle in Rothenburg ob der Tauber; 1506. Lindenholz, ungefaßt, Höhe 75 cm. Jetzt München, Bayerisches Nationalmuseum.

82, 83. *Hl. Sebastian;* um 1516. Lindenholz, ungefaßt, Höhe 131 cm. Würzburg, Mainfränkisches Museum.

84. *Hl. Afra.* Aus dem ehem. Benediktinerinnenkloster St. Afra in Würzburg; Lindenholz, gefaßt, Höhe 45 cm. Jetzt München, Bayerisches Nationalmuseum.

85. *Hl. Sebastian;* um 1490. Lindenholz mit alter Fassung. Aus Oberzell bei Würzburg. Jetzt München, Bayerisches Nationalmuseum.

86. *Schlafender Apostel (Jacobus),* aus dem ehem. Ölberg zu St. Burkard in Würzburg; um 1520. Sandstein, Höhe 122 cm. Jetzt Würzburg, Mainfränkisches Museum.

87. *Hl. Anna Selbdritt,* aus dem ehem. Benediktinerinnenkloster zu Kitzingen; um 1520. Grau-grüner Sandstein, Höhe 77 cm. Jetzt Würzburg, Mainfränkisches Museum.

88. *Apostel Jacobus* um 1505. Lindenholz ohne Fassung, Höhe 121 cm, Stuttgart, Württembergisches Landesmuseum.

89. *Thronender Gottvater mit Christus,* sog. „Gnadenstuhl", wohl aus einem verlorenen Altar stammend; um 1516. Lindenholz, mit alter Fassung, Höhe 185 cm. Berlin, Skulpturengalerie.

90. *Hl. Stephanus,* wohl aus der Predella eines verlorenen Altars; um 1520. Lindenholz, ungefaßt, Höhe 77 cm. Würzburg, Mainfränkisches Museum.

91. *Apostel Jacobus d. Ä.;* um 1510. Lindenholz, ungefaßt, Höhe 148 cm. München, Bayerisches Nationalmuseum.

92. *Doppelmadonna.* Aus der ehemaligen Karmeliterkirche St. Barbara in Würzburg, um 1510. Mainfränkisches Museum. Lindenholz, ohne Fassung, Höhe 87 cm.

93. *Hl. Maria mit Kind,* Lindenholz, ohne Fassung. Statuette, 29,9 cm hoch. Rückseite geschlossen und mit herabfallendem Haar bis in Hüfthöhe geschnitzt. Nase beschädigt. Würzburg, Mainfränkisches Museum.

94. *Hl. Maria mit Kind,* um 1520. Lindenholz ohne Fassung. Höhe 90 cm. Haar und Schleier oben später weggeschnitten für eine Krone. Jetzt Dumbarton Oaks Collection der Harvard Universität bei Washington DC.

95, 96, 97. *Maria im Rosenkranz.* Lindenholz, spätere Fassungen kürzlich entfernt, Anbringung dann über dem südlichen Seitenaltar. Nach dem Diebstahl von 1963 und der Restaurierung wieder, wie ursprünglich, freischwebend im Chor aufgehängt. Höhe des Kranzes 280 cm, der Marienfigur 171 cm. Volkach a. M., Wallfahrtskirche auf dem Kirchberg .

98. *Trauernde Maria,* von einer zerstörten Kreuzigungsgruppe aus Acholshausen bei Ochsenfurt; um 1518. Lindenholz, mit alter Fassung, Höhe 179 cm. Jetzt Würzburg, Mainfränkisches Museum. [▷ Farbtafel nach Seite 40.]

99. *Christus am Kreuz;* 1516. Lindenholz, ungefaßt, Höhe 123 cm. Pfarrkirche Steinach a. d. Saale (Landkreis Kissingen).

100. *Leuchterengel,* Lindenholz, ohne Fassung. Aus Külsheim, dann Tauberbischofsheim. Jetzt London, Victoria & Albert-Museum.

101. *Vesperbild,* um 1510. Lindenholz ohne Fassung, Höhe 84 cm. Mainfränkisches Museum, Würzburg.

102. *Vesperbild,* um 1520. Lindenholz, spätere Fassungen entfernt, Höhe 71 cm. Pfarrkirche Laufach (Landkreis Aschaffenburg).

103. Leuchterengel; um 1500. Lindenholz, ungefaßt, Höhe 58 cm. Jetzt Würzburg, Mainfränkisches Museum.

104. *Hl. Maria mit Kind,* um 1520, Sandstein, ohne Fassung, 155 cm hoch. Aus Würzburg. Jetzt Würzburg, Mainfränkisches Museum.

105. *Hl. Maria,* Sandstein, ohne Fassung. Um 1518. Sandstein, 155 cm hoch. Aus Würzburg. Jetzt Frankfurt a.M., Liebieg-Haus.

106-108. *Beweinung Christi.* Lindenholz, unterlebensgroß; nach 1489. Spätere Fassungen kürzlich entfernt, Großostheim bei Aschaffenburg, Pfarrkirche.

109-115. *Beweinung Christi,* Relief auf dem Hochaltar der ehem. Zisterzienserinnenkirche in Maidbronn (Landkreis Würzburg); vor 1525.

109. Gesamtansicht des Reliefs. Grau-grüner Sandstein, Höhe insgesamt 258 cm. 110. Haupt Christi mit Josef vom Arimathia. 111. Die Hände Christi, Mariens und Johannis. 112. Nikodemus (Selbsbildnis Riemenschneiders). 113. Trauernde Maria Salome vom linken Rande des Reliefs. 114. Trauernde und 115. Simon vom Kyrene.

116. *Lüsterweibchen.* Lindenholz, gefaßt. Im Schilde das Wappen der Stadt Ochsenfurt a.M. Wohl aus dem Rathaus dort. Privatbesitz

Die Unterschrift des Meisters

1   Hl. Magdalena mit Engeln vom ehem. Hochaltar in Münnerstadt.
München, Bayerisches Nationalmuseum

2 Hl. Elisabeth vom ehem. Hochaltar. Münnerstadt, Pfarrkirche

3   Hl. Magdalena vom ehem. Hochaltar in Münnerstadt.
München, Bayerisches Nationalmuseum

4   Christus erscheint Magdalena, Flügel-Relief vom ehem. Hochaltar in Münnerstadt.
München, Bayerisches Nationalmuseum

5   Gastmahl im Hause Simons, Flügel-Relief vom ehem. Hochaltar in Münnerstadt.
München, Bayerisches Nationalmuseum

6   Letzte Kommunion der Hl. Magdalena, Flügel-Relief vom ehem. Hochaltar.
Münnerstadt, Pfarrkirche

7   Grablegung der Hl. Magdalena, Flügel-Relief vom ehem. Hochaltar.
Münnerstadt, Pfarrkirche

8 Evangelist Matthäus vom ehem. Hochaltar in Münnerstadt.
Berlin, Skulpturengalerie

9 Evangelist Johannes vom ehem. Hochaltar in Münnerstadt.
Berlin, Skulpturengalerie

10 Evangelist Markus vom ehem. Hochaltar in Münnerstadt.
Berlin, Skulpturenmuseum

11 Evangelist Lukas vom ehem. Hochaltar in Münnerstadt.
Berlin, Skulpturengalerie

12   Hl. Kilian vom ehem. Hochaltar.
Münnerstadt, Pfarrkirche

13   Hl. Laurentius. Großlangheim, Antoniuskapelle

14 Johannes der Täufer. Haßfurt am Main, Pfarrkirche

15   Maria mit dem Kinde. Haßfurt am Main, Pfarrkirche

16 Christus am Kreuz. Eisingen bei Würzburg, Pfarrkirche

17   Adam und Eva, ehemals am Marktportal der Marienkapelle in Würzburg.
Mainfränkisches Museum

18   Adam, ehemals am Marktportal der Marienkapelle in Würzburg.
Mainfränkisches Museum

19 Eva, ehemals am Marktportal der Marienkapelle in Würzburg.
Mainfränkisches Museum

20 Apostel Paulus von einem Strebepfeiler der Marienkapelle in Würzburg.
Mainfränkisches Museum

21 Apostel Philippus von einem Strebepfeiler der Marienkapelle in Würzburg.
Mainfränkisches Museum

22   Maria mit Kind. Würzburg, Martin von Wagner-Museum, Residenz

23   Maria mit dem Kind. Würzburg, Neumünster

24   Apostel Matthias von einem verschollenen Altar aus Würzburg.
München, Bayerisches Nationalmuseum

25 Apostel Matthias und Thomas von einem verschollenen Altar aus Würzburg.
München, Bayerisches Nationalmuseum

26 Apostel Thomas von einem verschollenen Altar aus Würzburg.
München, Bayerisches Nationalmuseum

27 Apostel Andreas von einem verschollenen Altar aus Würzburg.
München, Bayerisches Nationalmuseum

28   Maria mit Kind. München, Bayerisches Nationalmuseum

29   Christus Salvator aus dem ehem. Dom-Hochaltar in Würzburg.
Biebelried bei Würzburg, Pfarrkirche

30 Grabmal des Ritters Eberhard von Grumbach (†1487).
Rimpar bei Würzburg, Pfarrkirche

31 Elisabeth Stiebar von Buttenheim (†1507). Buttenheim (Ofr.), Pfarrkirche

32 Grabmal des Ritters Konrad von Schaumberg (†1499).
Würzburg, Marienkapelle

33   Grabmal der Gräfin Dorothea von Wertheim (†1503).
Grünsfeld, Pfarrkirche

34   Grabmal des Fürstbischofs Rudolf von Scherenberg (†1495).
Würzburg, Dom

35　Grabmal des Fürstbischofs Lorenz von Bibra (†1519).
Würzburg, Dom

36 Grabmal des Fürstbischofs Rudolf von Scherenberg

37 Grabmal des Fürstbischofs Lorenz von Bibra

38 Grabmal des Hl. Kaiserpaares Heinrich und Kunigunde im Dom zu Bamberg
(alte Aufstellung)

39   Kaisergrab in Bamberg, Langseite mit den Reliefs „Gottesurteil"
und „Schüsselwunder"

40   Kaisergrab in Bamberg.
Deckplatte mit dem Hl. Kaiserpaar Heinrich und Kunigunde

41   Kaisergrab in Bamberg, Relief „Steinheilung"

42   Kaisergrab in Bamberg, Hl. Benedikt aus der „Steinheilung"

43   Kaisergrab in Bamberg, Gefolgsmann aus dem „Tod des Kaisers"

44   Kaisergrab in Bamberg, Relief „Traum des Kaisers"

45 Kaisergrab in Bamberg, Kaiser Heinrich II. aus dem „Traum des Kaisers"

46   Kaisergrab in Bamberg, Frauenkopf aus dem „Schüsselwunder"

47　Kaisergrab in Bamberg, Höfling aus dem „Gottesurteil"

48   Der Heiligblutaltar. Rothenburg o.d.T., Jakobskirche

49   Der Schrein des Heiligblutaltars in Rothenburg

50 Linke Hälfte der Abendmahlsgruppe aus dem Schrein des Heiligblutaltars
in Rothenburg, teilweise freigelegt

51　Rechte Hälfte der Abendmahlsgruppe: Apostel Thomas und Simon
aus dem Schrein des Heiligblutaltars in Rothenburg nach der Freilegung

52   Zwei Apostel aus der Abendmahlsgruppe des Heiligblutaltars in Rothenburg
nach der Freilegung

53　Der Einzug in Jerusalem.
Relief vom Heiligblutaltar in Rothenburg

54 Marienaltar der Herrgottskirche in Creglingen an der Tauber

55 Der Schrein des Marienaltars in Creglingen

56 Mariä Verkündigung, Relief vom linken Flügel des Marienaltars in Creglingen

57   Linke Apostelgruppe aus dem Marienaltar in Creglingen

58 Apostelgruppe mit Petrus aus dem Marienaltar in Creglingen

59   Auffahrende Maria aus dem Marienaltar in Creglingen

60　Apostelkopf aus dem Marienaltar in Creglingen

61   Apostelgruppe mit Johannes und Jacobus aus dem Marienaltar in Creglingen

62 Apostel Philippus aus dem Marienaltar in Creglingen

63　Selbstbildnis Tilman Riemenschneiders aus dem Marienaltar in Creglingen

64   Der Hohepriester, vom rechten Flügel des Marienaltars in Creglingen

65　Pharisäer und Soldaten von einem ehem. Heiligkreuzaltar.
Schloß Harburg an der Wörnitz

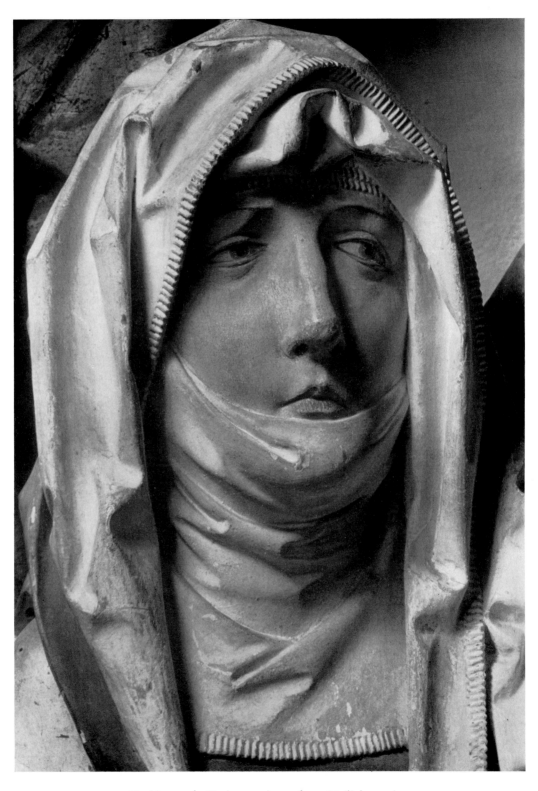

66   Trauernde Maria von einem ehem. Heiligkreuzaltar.
Schloß Harburg an der Wörnitz

67 Pharisäer von einem ehem. Heiligkreuzaltar.
Schloß Harburg an der Wörnitz

68   Die trauernden Marien aus dem Heiligkreuzaltar.
Detwang an der Tauber, Pfarrkirche

69　Der Schrein des Heiligkreuzaltars in Detwang

70   Der Hauptmann aus dem Heiligkreuzaltar in Detwang

71 Johannes Evangelist aus dem Heiligkreuzaltar in Detwang

72 Christus vom Apostelaltar aus Windsheim. Heidelberg, Kurpfälzisches Museum

73   Apostel Jacobus d. Ä. vom Apostelaltar aus Windsheim. Heidelberg

74   Apostel Johannes vom Apostelaltar aus Windsheim. Heidelberg

75　Apostel Andreas vom Apostelaltar aus Windsheim. Heidelberg

76   Johannes Evangelist. Würzburg, Mainfränkisches Museum

77   Hl. Barbara aus Sulzfeld am Main. München, Bayerisches Nationalmuseum

78　Hl. Kilian, 1945 im Neumünster zu Würzburg verbrannt

79   Hl. Burkard. Washington D.C., National Gallery of Art

80 Hl. Anna Selbdritt. Würzburg, Mainfränkisches Museum

81   Hl. Anna aus einem verschollenen Annenaltar in Rothenburg.
München, Bayerisches Nationalmuseum

82 Hl. Sebastian. Würzburg, Mainfränkisches Museum

83   Die Hände des Hl. Sebastian. Würzburg, Mainfränkisches Museum

84   Büste der Hl. Afra aus Würzburg. München, Bayerisches Nationalmuseum

85   Hl. Sebastian aus Oberzell bei Würzburg. München, Bayerisches Nationalmuseum

86 Schlafender Apostel aus St. Burkard bei Würzburg. Mainfränkisches Museum

87　Hl. Anna Selbdritt aus Kitzingen. Würzburg, Mainfränkisches Museum

88   Apostel Jacobus d.Ä. Stuttgart, Württembergisches Landesmuseum

89   Thronender Gottvater mit Christus, sog. Gnadenstuhl.
Berlin, Skulpturengalerie

90   Hl. Stephanus. Würzburg, Mainfränkisches Museum

91   Apostel Jakobus d.Ä. München, Bayerisches Nationalmuseum

92 Eine Hälfte der Doppelmadonna. Würzburg, Mainfränkisches Museum

93   Maria mit Kind, Statuette. Würzburg, Mainfränkisches Museum

94 Maria mit Kind. Dumbartons Oaks bei Washington

95 Maria im Rosenkranz.
Wallfahrtskirche auf dem Kirchberg bei Volkach am Main

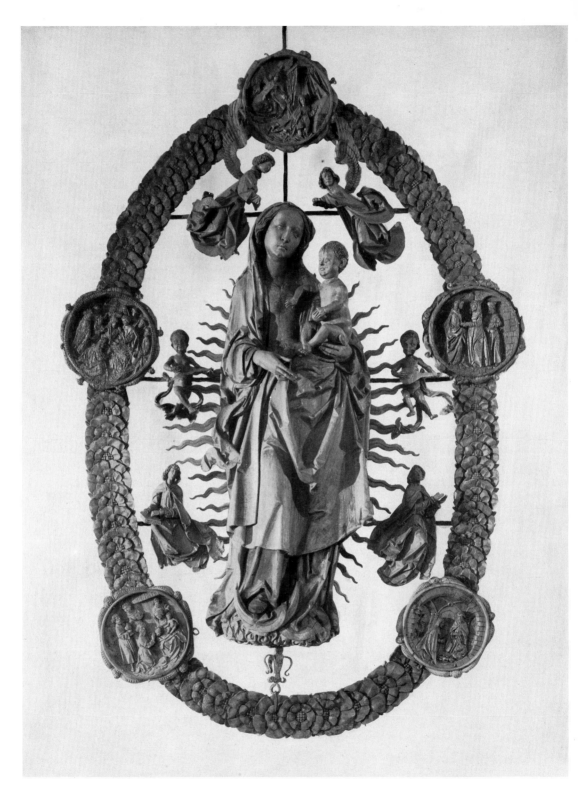

96　Maria mit Kind und Engeln im Rosenkranz.
Kirchbergkirche bei Volkach am Main

97 Maria im Rosenkranz. Kirchbergkirche bei Volkach am Main

98   Trauernde Maria aus Acholshausen. Würzburg, Mainfränkisches Museum

99   Christus am Kreuz, 1516. Steinach an der Saale, Pfarrkirche

100 Leuchterengel aus dem Taubertal. London, Victoria & Albert-Museum

101 Vesperbild. Würzburg, Mainfränkisches Museum

102 Vesperbild. Laufach im Spessart, Pfarrkirche

103 Leuchterengel. Würzburg, Mainfränkisches Museum

104   Das steinerne Marienbild. Würzburg, Mainfränkisches Museum

105 Maria mit Kind aus Würzburg. Frankfurt, Liebig-Haus

106 Beweinung Christi, Großostheim am Main, Pfarrkirche

107   Beweinung Christi, Ausschnitt. Großostheim am Main, Pfarrkirche

108 Kopf des Josef von Arimathia aus der Beweinung in Großostheim

109   Beweinung Christi. Ehem. Klosterkirche zu Maidbronn bei Würzburg

110   Josef von Arimathia und das Haupt Christi aus der Beweinung zu Maidbronn

111   Die Hände Christi, Mariens und Johannis aus der Beweinung zu Maidbronn

112   Nikodemus aus der Beweinung zu Maidbronn. Selbstbildnis Riemenschneiders

113 Trauernde Maria Salome aus der Beweinung zu Maidbronn

114 Trauernde aus der Beweinung zu Maidbronn

115   Bärtiger Alter (Simon von Kyrene) aus der Beweinung zu Maidbronn

116　Lüsterweibchen aus Ochsenfurt am Main. Privatbesitz